人類と建築の歴史

藤森照信 Fujimori Terunobu

★――ちくまプリマー新書
012

目次 ＊ Contents

挿絵　南伸坊

第一章　最初の住い

マンモスを食ってたころ

そのころ、地球は寒かった。今からおよそ一万年前までは氷河期と呼ばれ、現在私たちが住んでるような大地のほとんどは冬になると氷と雪に閉《と》ざされていた。そういう寒い地球に暮らす先祖たちは、マンモスを追いかけて移動し、手にした石や棒で、あるいは棒の先に石をくくりつけた簡単な刃物《はもの》を振《ふ》るってマンモスを狩《か》るような毎日を送っていた。

冬は雪や氷に閉ざされるといっても、もちろん夏は木や草が茂《しげ》るから、山芋《やまいも》や葛《くず》などの植物の根を掘《ほ》り、クリやドングリのような木の実を拾い、野生の麦や米やソバやヒエのような草の種を集めることができる。虫も、ハチの幼虫やセミやバッタはおいしいから好んで食べられたが、チョウチョはむせないように羽を除く注意が欠かせないし、トンボはまずいのでやめたほうがいい。川や海に出かけて魚や貝を採り、野原を駆《か》ける野生の牛や馬や鹿《しか》や猪《いのしし》や羊やトナカイを追いかけ、水場の近くの茂みに隠《かく》れて待《ま》ち伏《ぶ》せ、おとし穴のようなワナを仕掛《しか》けた。春先、冬眠《とうみん》を終えて寝《ね》ぼけまなこでノコノコ穴から出てくる熊《くま》なぞはいい獲物《えもの》だった。

氷河期を生《い》き抜《ぬ》くわれらが先祖は、動物や植物の生態をよく観察して、食べて大丈夫《だいじょうぶ》か、いつどこで獲《と》ればいいのかを知り、道具やワナを工夫《くふう》し、皆《みな》で力を合わせ、知恵《ちえ》と力のかぎりをつくして食いつないでいた。

そうした狩猟《しゅりょう》と採集の氷河期において、いちばんうれしい獲物がマンモスだった。食料の乏《とぼ》しい冬、たっぷり皮下脂肪《ひかしぼう》のたまったマンモス一頭を獲ることができれば、十八ものお腹《なか》が数か月満たされたのである。日本でも長野県の野尻湖《のじりこ》では、マンモスの兄弟のようなナウマン象を冬の凍《こお》った湖面に追《お》い込《こ》み、重さで氷が割れて足が泥《どろ》に沈《しず》んで身動きとれなくなったところを仕止めていたことがわかっている。

彼《かれ》らが使った道具の中心は石器で、まだ土器はない。その石器も、石を割って刃先を整えただけの簡単な打製石器である。一見すると石のカケラのような刃物にすぎず、動物の皮を貫《つらぬ》くことはできないから、ぶったたいて打撃《だげき》で仕止めるしかない。槍《やり》として使えるような鋭利《えいり》な打製石器が工夫されるのは、旧石器時代も後半に入ってからである。

獲物の撲殺《ぼくさつ》のほかにもう一つ初期の打製石器でも十分に役に立つのは、マンモスや野牛といった大型動物の頭蓋骨《ずがいこつ》や大腿骨《だいたいこつ》を砕《くだ》き、中の脳味噌《のうみそ》や骨髄《こつずい》を食べる時。骨の中身は今日ではそう大切な食料ではないが、人類の歴史をさかのぼればのぼるほど重要性は増す。なぜなら、自分たちが狩りとった獲物の骨だけでなく、野原や雪原には、サーベルタイガーやライオンのような大型肉食獣《にくしょくじゅう》が噛《か》み砕《くだ》けなくて食べ残した大型草食動物の太い骨がたくさんころがっており、さしものハイエナも歯が立たず、人間だけが石をふるって砕き、中に詰《つ》まったミネラル十分の栄養をとることができた。

次の時代の鋭《するど》く磨《みが》いた新しい石器にくらべて時代が古いから、打製石器は旧石器と名付けられている。旧式で性能は悪いけれど、人類が発明した最初の道具にちがいなく、氷河の時代のうち、二百五十万年ほど前から打製石器が使われていた。この時代のことを、旧石器時代と呼ぶ。

旧石器時代末期の人々は、そういう狩猟と採集の日々に追われていただけではない。今日なら文化とか芸術と呼ばれるはずの表現活動も盛《さか》んに行っていた。音楽、踊《おど》り、劇、さまざまな表現がなされていたはずだが、現代までそのままの姿で残っているのは、洞《どう》穴《けつ》に描《えが》かれた絵と石や牙《きば》に刻まれた女性像の彫刻《ちょうこく》である。残っているといっても地中や洞穴の中に埋《う》もれており、考古学者の手で掘り出さねばならないけれど。

よく知られているのは洞穴の壁《かべ》から天井《てんじょう》にかけての絵画で、美術や歴史の教科書で目にするように、疾走《しっそう》する野牛やマンモスの群れや鹿や馬の姿が、時には数メートルの大きさで、時には色あざやかに彩色《さいしょく》されて描かれている。暗く深い洞穴の奥《おく》で、明りに浮《う》かび上《あ》がる動物たちは、人がいなくなるのを見計らって動き出すのではないかと疑われるほど写実的に描かれている。フランスのラスコーとスペインのアルタミラの洞穴が名高い（図1）。

ただ、不思議なことに、その後の時代の絵とちがい、人間の姿はまれにしか描かれていない。描かれていても、ついでのように小さくて写実性も欠く。

洞穴画ほどは知られていないが、牙や石に刻まれた〝旧石器のヴィーナス〟と呼ばれる女性像も重要な意味を持つ。ふつうの女性の姿ではない。顔は目鼻のないものも多く、あってもしるしていどの描き方なのに、乳房《ちぶさ》が豊かに盛り上がり、腹部（腰《こし》）が大きくふくらむ。妊娠中《にんしんちゅう》の体を彫《ほ》り出《だ》しているのである（図2）。

なぜ、そのように動物たちはリアルに描かれ、妊娠中の女性像が作られたんだろう。

さまざまな説があるが、動物たちは獲物ばかり描かれていることから、おそらく、たくさん獲れるようにとの祈《いの》りが込められているのはまちがいない。その証拠《しょうこ》に、矢のささった動物の例もある。狩りに出かける前に洞穴にこもって祈ったかもしれないし、狩りに成功するとここで感謝をささげたかもしれない。祈ったり感謝したりする相手は、今日でいうなら神ということになる。

動物や植物に宿り、豊かな獲物と実りを約束してくれる〝豊産の神〟である。人の行いが悪くて、神が怒《いか》れば、獲物を遠ざけ、実りを少なくし、時には人に死をもたらす。

自然界の、木や草や石や山や川や動物のそれぞれに、もちろん人間にも、神というか精霊《せいれい》というか魂《たましい》のようなものが宿り、それらが寄り集まって人間を含《ふく》めた自然界を司《つかさ》どっていると考えられていた。原始的な自然信仰《しんこう》でアニミズムという。

では、ヴィーナスにはどんな意味があったのか。洞穴絵画が〝豊産の神〟への祈りなのと同じように、妊娠したヴィーナスの像に人間の〝豊産〟への祈りを込めた。具体的には、安全な出産への祈りがまずある。近代医学が発達するまで、出産時の赤《あか》ん坊《ぼう》と母の死は少なくなかったから、安全にたくさんの子が生まれてほしいと祈ったのだろう。

祈りは出産だけにとどまったはずはない。妊娠中も胎内《たいない》ですくすくと成長してほしい。さらにさかのぼって、うまく妊娠するようなセックスへの祈りもあった。よくセックスし、よく妊娠し、よく胎内で育ち、よく出産してほしい。こうした祈りを込めて、ヴィーナス像は、出産にあたり、枕元《まくらもと》に置かれた可能性がある。

人間の安産、多産と動植物の豊産への祈りのことを地母《ちぼ》信仰《しんこう》と呼ぶ。生命を生み出す

図1（上）フランスのラスコー洞穴の壁画（J・M・ロバーツ『〈図説〉世界の歴史①』創元社）

図2（左）オーストリアのウィレンドルフのヴィーナス（『日本大百科全書』小学館）

母なる大地の神々への信仰である。

ここで忘れてはならないのは、すでに動植物の実りのところで述べたように、母なる大地の神さまたちは、豊かな実りをもたらすだけではすまない。人が神の怒りにふれると、死にいたる災難をもたらす。生命現象を司どる地母神は、楽しく豊かな生の神であると同時に恐《おそ》ろしくて暗い死の神でもあった。

さて。では、絵を描き像を彫《ほ》ることを知っていたわれらが先祖は、どんな家に住んでいたんだろう。

テントを持たずに野山に出かけ、なにかの事情で帰れなくなり、野宿せざるをえなくなったとしたら、どうするか。なんとか雨や露《つゆ》を防がないと、体力を消耗《しょうもう》し、明日の朝には冷たくなっているかもしれない。だとしたら、誰《だれ》でも風雨を防げる空間を必死に探すだろう。

大きな岩や木の陰《かげ》があれば助かる。年古《としお》いた巨木《きょぼく》の根元にポッカリ洞《ほら》があいていたら、もっと助かる。崖地《がけち》に洞穴が口をあけていれば、そこに入れば大丈夫。彼らはもちろん火を起こす術《すべ》を知っていた。旧石器時代の人たちも獲物を追って行く先々で同じようなことをしていた。だが、ちょうどいい陰や洞が見つからないときはどうするか。冬であれば、獲ったマンモスの腹を裂《さ》き、中にもぐり込んで寒さを防ぐ手もあった。鹿や熊は一人用だが、マンモスなら家族ぐるみで入れる。厚い毛皮を屋根とし、脂肪を壁とする住い。

そういう自然まかせだけでは人として淋《さび》しいが、さいわい住いを作ったことも分かっている。

とはいっても、木を伐《き》り出して家を作るような真似《まね》はできなかった。なぜなら、打製石器では木が伐れないから。細い枯《か》れ枝《えだ》を拾い集めて差しかけ、上に草や樹《き》の皮や獲物の皮を架《か》けるくらいはすぐできた。鳥だって巣を作る。私が子供の頃《ころ》、山に遊びに行くと、山で木を伐ったり植えたりする山仕事の人が、地面に斜《なな》めに枝を差し、上に樹の皮を瓦《かわら》のように並べ、さらに枝で押《お》さえて屋根を作り、仮の宿を作っているのを見たことがある。吹《ふ》きさらしだけれど、雨露だけは防げる。

あり合わせの材料で作るわけだが、マンモスの宝庫シベリアで面白《おもしろ》い例が発掘《はっくつ》されている。あり合わせの材料がマンモスだったらどうするか。肉と内臓と骨はおいしくいただき皮はとってあるが、例の巨大な牙は食べるわけにも象牙《ぞうげ》のハンコにするわけにもいかないから、その辺にゴミとしてたくさん捨てられている。

マンモスの狩人《かりゅうど》はそれに目をつけた。地面に浅く穴を掘り、牙を柱として立てたのである。途中《とちゅう》から曲がっているから、柱の先はそのまま屋根になり、上にマンモスの皮をかぶせて雪や風や寒さを防いだ。背のたたないほどの住いだったが、狩りの途中、夜にもぐり込む仮の宿としては十分であった。

米や麦を食べはじめたころ

もし人類が以上のような狩人の暮らしをいつまでも続けていたなら、家とか建築とかは出現しなかっただろう。鳥が小枝や枯れ草を集めて巣を作るように、ありあわせの木やマンモスの牙や皮を寄せ集めて、簡単な巣のような仮住いを作るだけですませたにち

象牙で
小屋を建てる……

がいない。なぜなら、獲物を求めて移動するかぎり、仮の宿で十分だったからだ。

氷河時代、寒さに閉ざされ、身を小さくして生きる人類を救ったのは、地球規模の気候変動であった。一万年ほど前、氷河時代がついに終わり地球は温まりはじめ、植物はよく茂るようになり、虫や魚や動物も数を増す。森と川と海の恵《めぐ》みが急増した。

恵みの急増によって人類の生活は安定し、気持ちと時間にゆとりが生まれた。何もせずにボオーッとしてていい時間、役に立たないことをしててもかまわない時間のなかで、人類の誰かが重要な二つの発明をした。

土器と磨製石器《ませいせっき》である。

粘土《ねんど》を焼いた土器の発明によって、食生活に大きな変化が起こり、焼くだけでなく煮《に》たきができるようになる。野原で拾い集めてきた穀類や木の実を加熱して、おいしくかつ消化よく食べられるようになる。毒を抜く効果もあった。

土器以上に決定的な発明は磨製石器で、それまでの打製石器を砥石《といし》で磨くことを考え出す。でも、石器を磨くくらいの発明で、人類の歴史が大きく変わるもんだろうか。実際に変わったのだが、その事実を納得《なっとく》するために、それまでの打製石器について正確に説明することからはじめよう。

二百五十万年ほど前に人類がはじめて手にした打製石器は、手ににぎるのにちょうどいいほどの大きさで、刃先は鈍《にぶ》く、刃先の筋も左右に曲がり、用途としては骨を砕いたり、獲物の頭を叩《たた》いて殺すに適する打撲用の道具であった。しかし、しだいに進歩し、三万年ほど前になると、燧石《ひうちいし》や黒曜石のようなとても硬《かた》くてパリッと割れるガラス質の石材が使われるようになり、現代人にはにわかに信じられないほど薄《うす》く尖《とが》り、筋の通った刃先が作られ、槍として獲物の厚い皮を突《つ》き破《やぶ》ることも、小刀として皮や肉を切り裂くことも、もちろん木や骨を削《けず》ったりもできるまでになる。黒曜石の例などは、現在の手術用のメスよりもよく切れた（図3）。

でも、そのように発達したカミソリのような切れ味の打製石器でも太い立木には刃が立たない。表面を小さく削ることはできるが、大きな力をかけて幹めがけて振り下ろすと、ガラス質の刃先が欠けてしまうのである。

この欠点を克服《こくふく》すべく発明されたのが磨製石器で、まず石質がちがって、意外に軟《やわら》かい。軟かい石を、ザラザラした砥石で研磨する。刃は、先端《せんたん》は鋭く研《と》がれているものの、全体は厚い（図4）。後期の発達した打製石器を槍や鏃《やじり》やナイフとするなら、磨製石器は一回り大きな斧《おの》である。

しかし、誰でも石の斧で、はたして大きな木が伐れるものかと疑問に思うだろう。私も中学校の歴史の授業でこのことを習った時は疑った。で、家に帰り、河原からいかにも硬そうで扁平《へんぺい》な小石を拾ってきて、目の粗《あら》い砥石で研磨して刃先を鋭くし、庭の直径5cmほどのモミジの若木の幹を伐ってみた。伐れるというより少しずつ削る感じだが、二時間ほどで倒《たお》すことができた。

石の斧の性能についてはちゃんとした研究がなされていて、石器を使うニューギニアの原住民の例や実験考古学（石器や土器を実際に再現し、その性能を調べる考古学）によって、鉄の斧の四分の一の性能であることが確かめられている。たとえば鉄の斧で十五分で伐れる直径30cmの木なら、石の斧でも一時間あれば伐ることができる。

(1)　(2)　(3)　(4)

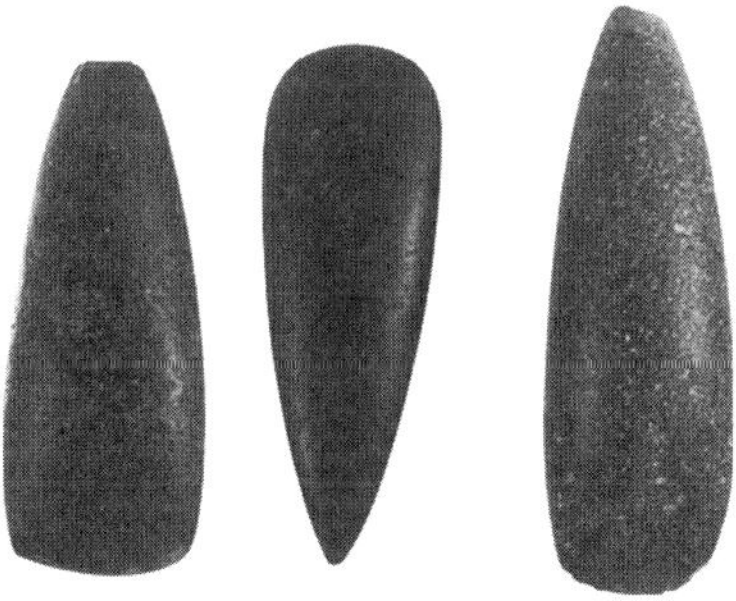

図 3（上）　打製石器、(1) (2)は前期、(3) (4)は後期のもの
図 4（下）　磨製石器
(以上、J. M. ロバーツ『〔図説〕世界の歴史①』創元社)

小学校六年生のクラスに実験してもらったところ、直径15㎝のケヤキを男女かわるがわる伐っても、三十分で倒せた。少年野球をやってる子はとりわけ上手《じょうず》だった。コツは、鉄の斧のように斜め上からではなく、水平に近い角度で叩き込むこと。

磨製石器には軟かい石が使われると書いたが、それは長いこと不思議だった。硬い石の方がよく伐れるだろうに。この謎が解けたのは宮本長次郎《みやもとながじろう》、渡邊晶《わたなべあきら》の実験で、軟かい石斧《せきふ》の方が、刃こぼれした時の研磨の手間を考えると、硬い石よりずっと早く伐ることができる。新石器時代人は、研ぎやすいようにわざわざ軟かい石を選んだのだった。

磨製石器の発明によって、人類は巨木を伐り倒し、好みの長さに伐り出し、穴を開けたりくり抜いたり自由に加工することができるようになった。身近なところでは木のお椀《わん》やヒシャク、大きなものでは丸木をくりぬいた舟《ふね》、橋、土留めの杭《くい》などをはじめて入手することができた。舟は海を渡《わた》ることを可能にするから、人類の文明の伝播《でんぱ》という点でもきわめて重要な木製品となる。こうして、人類ははじめて木を自由に扱《あつか》えるようになった。考古学者も気づいてないかもしれないが、磨製石器は木を相手とした時しか、たいして役に立たない道具なのである。今日の日本の誇《ほこ》る大工道具の第一号にほかならない。

でも、お椀や舟をもたらしただけでは磨製石器が人類史を変えたとまでは言えない。磨製石器は、それまでの打製の旧石器と対比して新石器と呼ばれ、時代の名も旧石器時代に対し新石器時代と名付けられるようになるが、それほどの恩恵《おんけい》をどのようにして磨製石器はもたらすことができたんだろう。

農耕、牧畜《ぼくちく》の開始と深く関係しているのである。

新石器時代が始まってから二千年ほどして、人類は農業をはじめている。米や麦を育てる農耕と、牛や羊を飼う牧畜がはじまる。とりわけ農耕は大きかった。なぜ二百五十万年ちかくも続いた狩猟の時代を終わらせるほどの影響力を農耕が持ちえたかというと、一番の理由は、土地の面積あたりの食料獲得量が狩猟の百倍も多かったからだ。大雑把《おおざっぱ》な試算によると、一家族が一年間に必要とする獲物を狩るには1000ha（およそ3km四方）の野山が必要になるのに対し、田畑を作って農業にいそしめば、10ha（およそ300m四方）

でこと足りた。食料獲得という点で、狩猟より農業の方が圧倒的《あっとうてき》にすぐれていた。だから、人類の多くは弓矢を捨て、鍬《くわ》を手にするようになる。

では、どのようにして農業は始まったんだろうか。

最初は、野山に入って野生の米や麦や芋などを採集していた。ちょうど現在、われわれが秋になると山に出かけてキノコを採ったりクリの実を拾ったり自然薯《じねんじょ》（山に自生する長い芋）を掘ったりするように。そうした採集は、女の人や老人や子供の仕事だった。マンモスや野牛や熊や大鹿や猪に負けないような体力と勇気を持つ男は狩りに出かけ、時には何日も仮の宿を空けたが、一方、仮の宿に残った者は、近所の野山に出かけて危険なく入手できる穀類や芋類や果実類を集めてきた。お父さんは遠くの山に象狩りに、お母さんは近くの丘《おか》に芋掘りに、そういう毎日だった。

おそらく、狩りをする男の方が採集する女よりえらい、と思われていた。しかし、人類史上最大の発明ともいうべき農業は、日頃から芋を掘ったり草の実を拾い集めていた、えらくないお母さんが発明することになるのである。おそらく最初は、目的とする草

（野生の麦や米など）以外の草（雑草）を抜いたり葉につく害虫を潰《つぶ》したり風で倒れたの

を起こしたりと、自然に育つのを助けていただけだったが、やがて、種を播《ま》くようになる。

　お母さんが農業を発明することのできた理由は、もちろん第一には常日頃から植物に接し生態に詳《くわ》しかったからだが、それだけではなかったと私はにらんでいる。すでにのべたように農耕開始以前から大地の動植物の恵みに感謝し、その豊産を祈る地母信仰が発達していた。人間の多産、安産への祈りがその中心にあった。地母信仰は生命を生み出す力への信仰であった。

　お母さんは、野生の植物の生育を手助けしている時、植物の種から芽が出て葉を伸《の》ばし、花を咲《さ》かせ、やがて実が結ぶ、そういう過程を、とりわけ自分が妊娠している時の自分の胎内の子の動きと合わせて、お父さんにはとても出来ないほどことこまやかに観察し、理解していた。植物の気持ちになることが出来た。いってしまえば、植物に入り込んで内在的に理解していた。農業の一番の秘密は、種を播くことだが、きっと、女性は自分の体に種が播かれること（性交、妊娠）を通して、生命出現のありさまを正しく深く理解することができたにちがいない。人間の種を播くのは男だが、男は今も昔もやりっぱなしの場合が多く、そんな者が生命の秘密に迫《せま》るのはむずかしい。

地母信仰と農業発見の関係はもっと深いかもしれない。旧石器時代にスタートする地母信仰は、獲物の絵を描いたりヴィーナス像を作ったりすることで信仰を表現していたが、新石器時代に入ると、さらに加えて、生殖《せいしょく》と生命という地母信仰の本質を野生の米や麦の〝種を播く〟という形で表現するようになったのかもしれない。地母信仰の宗教表現として、最初の農業が生み出された可能性だってある。

根がよく張るよう土地を耕し、種を播き、土をかぶせ、雑草と害虫を除き、肥料（植物を焼いた灰など）を与え、収穫《しゅうかく》し、その収穫の一部を食べずに残しておいて、翌年また播く。このサイクルを毎年、毎年、繰《く》り返《かえ》す。人類はこういう営みを繰り返しつづけて九千年ほどになる。

こうした農耕は、穀類、芋類、果実類など食べられる植物のすべてにおよぶが、なかでも単位面積あたりの収穫量（カロリー量）が圧倒的に多い米と麦が中心作物となる。麦は、九千年ほど前に現在の中近東の〝肥沃《ひよく》な三日月地帯〟（チグリス・ユーフラテス上流からメソポタミア、シリア、パレスチナを通ってナイル川河口まで）ではじめて栽培《さいばい》されたことが明らかになっており、米は同じ頃に現在の中国の長江の流域で栽培されるようになったとの説が有力である。

最初の農耕、そして牧畜は、立木のまばらな野原や川のほとりで行われていた。しかし、農耕によって食料供給の大量化と安定化が可能になると、人口は急に増えはじめる。

それまでの狩猟と採集では人口に本質的な限界があった。動植物の獲物を一定以上取ると翌年にはかならず不足し、飢《う》えにおそわれる。だからけっして目いっぱい働いてはならず、ライオンも狩猟民もブラブラしている時間が長い。ところが、農耕・牧畜は、働けば働いただけ田畑が広がりたくさん実り、人口は増え、増えた人口は田畑の拡大に向かう。

農耕・牧畜によってはじめて拡大再生産のうま味を知った人類は、森に目を付けた。農耕・牧畜以前、人類は森に入っても森の恵みとして獲物を得るだけだから、森は自然のままにあり、樹齢《じゅれい》千年を越《こ》すような巨木がおい茂っていたが、その森を切《き》り拓《ひら》こうというのである。でも、農耕・牧畜以前の旧石器時代の石器で木を伐り倒すことはできない。すでに述べたように、旧石器は打製石器だから、骨を砕いたり、獲物を突いたり、木や骨を削ったり皮を切ることには向いていても、立木の幹を伐ることはできない。

そこで役立ったのが、農業に先行して、木を伐るために発明されていた磨製石器なのである。もし、磨製石器が発明済みでなかったら、農業はあれほどすみやかに地球上に拡大されなかっただろうし、またもし農業の拡大に役に立たなかったなら、磨製石器（新石器）が新しい時代の名前になることもなかっただろう。

昨日まで打製石器を手に獲物を追って森に分け入っていた人類は、今日から磨製石器に持《も》ち替《か》えて森に入り、巨木を倒し、太古の森を田畑や牧草地へと開発しはじめる。現在、森林の保護が叫《さけ》ばれているが、人類史で見ると、森を本当に大量に殺したのは、十九世紀以後の近代工業ではなく、自然破壊《しぜんはかい》の原罪は農業にある。そのことを忘れないようにしよう。

農業の開始によって、人類の生活は、住いも含めて根本から変わった。季節のうつろいに従い、獲物を追って移動することを止《や》め、定住するようになる。一か所に腰を据《す》えて、森を拓き、田畑を耕し、作物を育て家畜の世話をする。

農業と定住によって人類の得たものは大きい。

移動しないから、食料を長期に貯《た》めることができる。運ぶには重すぎる大きな十器や各種の道具を作ることも可能になる。年老いたり病やケガによって移動のむずかしい者も捨てられずにすむ。老人の記憶《きおく》のなかには豊かな経験から得られた情報と知恵が詰まっている。誰がどこに住んでいるか決まっているから、人の付き合いは強くなる。定住によって、食料も道具も人間も、情報も知恵も人間関係も、量が大きくなり質が向上する。こうした人間の活動のすべてにわたる充実《じゅうじつ》に支えられて、人類ははじめて、強くかつ安定した社会を実現した。

磨製石器によって森が拓かれて農業が盛んになり、農業のおかげで強く安定した社会が生まれる段階まで来て、はじめて人類は仮小屋ではない家らしい家を作ることができた。家は人の作る物のなかでは最大の物であり、ちゃんとした家を作るにはどうしても社会の安定と協力が欠かせない。

こうして、家は新石器時代に誕生した。

新石器が可能にした家

ちゃんとした家を作るには技術的にも新石器が欠かせなかった。なぜなら、旧石器では木を伐ることも加工することも出来なかったからだ。人類は、新石器を振るって森から木を伐り出し、柱や梁《はり》に加工して組み立て、はじめて家らしい家を作った。

この言い方は、今でも木造住宅を好む日本の人には分かりやすいが、石造や煉瓦造《れんがづくり》の伝統の長いヨーロッパの人には実感がないかもしれない。実際、ヨーロッパの歴史博物館の原始時代の展示を見ても、石器や金属器がすべてで、日本のように木製品が並んでいるのに出会ったことがない。

ヨーロッパのふつうの人は、自分たちの遠い昔の先祖は石や煉瓦を積み、泥を塗《ぬ》って家を作っていたと考え、家を作ることと木はつながらない。たしかに、壁を作るのはそのとおりだが、それだけでは屋根がない。屋根を架《か》けるには、壁の上に木を組むしか方法はない。木を使わずに石や煉瓦で屋根を作ることができるようになるには、ローマ時代のアーチ構造の発明を待たなければならない。それ以前、屋根は木で作られていた。

とりわけ、新石器時代のように人類がはじめて本格的に家を作りはじめた頃は、壁よりも屋根の方が大事で、壁はなくとも屋根さえあれば風雨を防ぐことができた。

その屋根を可能にしたのは、木であり、木を自由に加工できる新石器だった。

新石器が可能にした家はどんなものだったんだろうか。旧石器時代とちがい、世界各地から住宅の跡《あと》が発掘されているし、少し前まで、新石器時代の住いの伝統を伝える住宅形式がアフリカや北極圏《ほっきょくけん》やアメリカ原住民の間で作られつづけており、詳しく知ることができる。

まず、平面から見てみよう。円形をとる。石の壁を積んで上に屋根を架ける場合にも、地面から直接屋根を作る場合にも、平面は丸い。そして丸い平面の中央に炉《ろ》がおかれ、火がたかれていた。どうして人類の本格的住いは丸から始まるのか。技術的には四角でも可能なのに。この丸く作る伝統は、先行する旧石器時代の仮小屋から始まっていることが分かっている。

農耕・牧畜の時代がはじまり、田畑を拓いて作物を育て動物を飼育するため、人類は一か所に定住するようになるが、定住してからの早い時期の家も、前の仮小屋時代の円形を引《ひ》き継《つ》いでいた。

理由としては、まず実用上のことがあった。小さな空間や領域を画す時、画しやすいのは円形で、小鳥の巣も、小動物の巣も例外なく丸くなっている。四角い巣なんてものはない。アフリカの原住民の仮小屋を見ると、拾ってきた枝を、円形に差しかけて、中にもぐり込んでいる。小さな空間は、作るにも使うにも円形が一番簡単なのである。

こうした実用上の理由がまずあったが、それだけでは人類の家のスタートとしてはあまりに淋しい。円にはもっと深い理由があったと考えたい。旧石器時代末から新石器時代初頭にかけての人類は、充実した宗教をもっていたし、現代人をうつような表現行為《こうい》も盛んに行っていた。そういう彼らの心の動きや精神の働きが住いにも影響を与《あた》えていたと考えたいではないか。

実用とは別に、人間の内面に円形の理由を求めてみよう。

まず思いあたるのは、幼《おさな》い子供にクレヨンを持たせて絵を描いてもらうと、人も花も家も、丸く描くという事実。人間の図像認識は、丸からはじまる。子供の頃、地面に棒で線を引いて陣地《じんち》を画す時のことを思い出すと、丸く画した。人類の無意識的な形は丸なのかもしれず、それが住いの平面にも現われた、とも考えられる。円はもっとも完全な形という考え方もある。たしかに一つの点と一つの長さだけから描き出される円は、最も単純にして揺《ゆ》るがない形にほかならない。

とすると、人類は、最初の住いを作るにあたり、無意識のうちに、というより無意識だったからこそ、完全なる円からはじめたということになるのだが、本当かどうかは読者の皆さんも考えてみてください。

こうした人類初期の円形の住いの伝統を現代まで伝える住いの形式がいくつもある。たとえば、スカンジナビア半島の北方の寒冷地に住むサーメ族は、直径10㎝長さ3mほどの立木を伐り出してきて、円錐状《えんすいじょう》にぎっしり並べる。こうした斜めに傾《かたむ》いて屋根葺《やねぶ》き材の下地となる丸太のことを椎《たるき》と呼ぶ。椎の上を防水性の高い白樺《しらかば》の樹皮でおおい、さらに下半分には土を盛りあげ、コケを張る。

アメリカ原住民スー族の〝ティーピー〟と呼ばれるテントも、細い木の棒を円錐状に立てかけ、野牛の毛皮で包む（図5）。

もっとも有名なのはモンゴル族の〝包《パオ》〟や、モンゴル系のキルギス族の〝ホゾイ〟で、柳《やなぎ》の枝を斜めに交差させながら地面に差して円形の壁を作り、その上部に柳の枝を扁平のドーム状に組んで屋根の骨組とし、最後に壁と屋根に羊の皮を張って完成する（図6）。

アフリカの北カメルーンのファン族は、粘土で壁を立ち上げ、その上に棒を円錐状に

図5（左）アメリカ原住民スー族の〝ティーピー〟
図6（下）キルギス族の〝ホゾイ〟
（以上、ポール・オリバー『世界の住文化図鑑』東洋書林）

組み、草でカバーする。

新石器時代の家は、先行する旧石器時代の仮住いと、どこが具体的にちがうんだろう。円形平面、木の骨組、獣皮や樹皮のカバーといった基本は旧石器時代から続いている。ちがいは充実ぶりで、家族が背を伸《の》ばして寝られるまでに平面は広がり、天井は頭がつかえないほど高くなり、骨組の木は、拾ってきた枝から伐り出した丸太や加工した棒に変わった。

こうして旧石器時代の仮小屋を踏《ふ》まえてスタートした新石器時代の家は、しだいに進化を見せる。

まず平面が広がるにしたがい、円形から四方形へと変わってゆく。面積の拡大にともない、柱と梁が出現する。長くなった棰を途中で支えるため、水平に梁を架け、梁を柱で支えるためである。さらに広がる時は、横に広がり、〝ロングハウス〟となる。大きな正方形にならないのは技術的な問題で、屋根の高さをどんどん高くするのは労力がかかりすぎるからだ。横長であれば、屋根の高さはそのままに、横へ横へと延長することができる。

丸太だけでなく、斧で削ったり割ったりして角材や板も作られるようになる。一見すると角材の方が作りにくそうだが、実は板の方がむずかしい。丸太の四辺を斧で削り落とせば角材になるが、板はそういかない。目の通った節のない大きな丸太を選び、斧とクサビで二つに割り、後は削る。この方法だと一本の丸太から二枚の板しかできない。

新石器のおかげで、材料と材料のつなぎ方も変わった。それまでは、木と木をつなぐにも、木に草や皮をしばりつけるにも、草を編んだ綱《つな》か皮を裂いたヒモでしばるしかなかった。材と材の接合はしばることによって可能になった。〝しばる〟が人類最古の接合法なのである（図7）。

このしばる技術はその後も長く家作りで使われるが、太い木と木の接合においては、磨製石器が新しい技術をもたらす。たとえば柱の上に梁を乗せる時、柱の上端を削って一部を突起《とっき》させ、梁は下辺に穴をうがち、柱の突起を梁の穴に差し込んで固定する。柱の小突起は、〝枘《ほぞ》〟、梁の小穴は〝枘穴〟と呼ばれるようになるが、〝枘〟は〝へそ〟の意味である（図8）。小突起がへそにたとえられるのは現在の目からは逆のように思うが、おそらく昔の人はみんな出ベソだったんだろう。

家が人にもたらしたもの

新石器時代に入り、農業が始まって人々が定住し家を作るようになると、バラバラに住むのではなく一か所に集まって住む集落が生まれる。集落のなかには、人々が集まって作業したり遊んだり歌ったり踊ったり、神さまに祈ったりする共同の場が生まれる。新石器時代の集落には大きなものがあり、トルコのチャタル・ヒュユクの遺跡《いせき》は、日干し煉瓦で壁を作ったおよそ25㎡の建物が千戸も並んで続き、地母神への祈りの建物の壁には絵が描かれ、まさに出産中の姿をしたヴィーナス像が飾《かざ》られていた（図9）。

新石器時代に家が出現した。家の出現は、人々の日々の暮らしに安らぎといこいをもたらす。冬は暖かく、夏は涼《すず》しく、陽《ひ》が落ちて暗くなっても炉には火が燃えている。家のなかには風も雨も雪も入ってこないし、腹のへったクマやトラやライオンに襲《おそ》われる

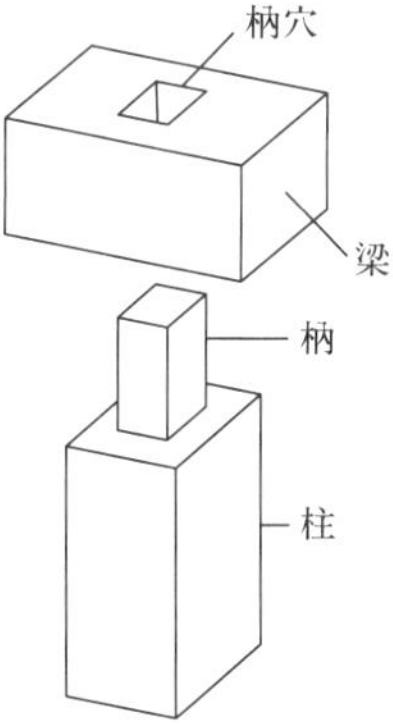

図7（上）“しばる”という人類最初の接合法
図8（下）枘と枘穴で柱と梁を接合する

心配もない。家族の絆《きずな》もさぞ強まったことだろう。でも、家の効果はそうした日常的なことや実際的なことだけではなかった。人の心や精神にとって、きわめて重要な役割を果した。

何度も述べてきたように、新石器時代に入ってはじめてちゃんとした家が実現した。ちゃんとした家は、屋根に葺《ふ》いた茅《かや》や樹皮や獣皮さえ補修すれば三十年、四十年と、当時の人間の一生分は軽くもつ。人は一つの家で生まれ、死ぬことが可能になった。このことは何を意味するんだろう。

農耕・牧畜が始まってからでも、狩猟は併行《へいこう》して続けられていたが、狩猟時代とちがい、狩りが終わると獲物をもって決まった家に帰る。たとえば、秋の鮭《さけ》の上る時期に、鮭獲りに出かけたとする。河辺の仮小屋を根城に魚獲りと燻製《くんせい》作りに励《はげ》み、漁期が終わって獲物を背に帰路につき、峠《とうげ》の上から村の光景を望んだ時の気持ちを想像してみよう。自分が修学旅行や夏休みの休暇《きゅうか》で長期に家を空けた時のことを思い出してください。〝懐《なつか》しい〟と思う。どうしてそう思うのか。もし自分がいない間に作り替えられていた

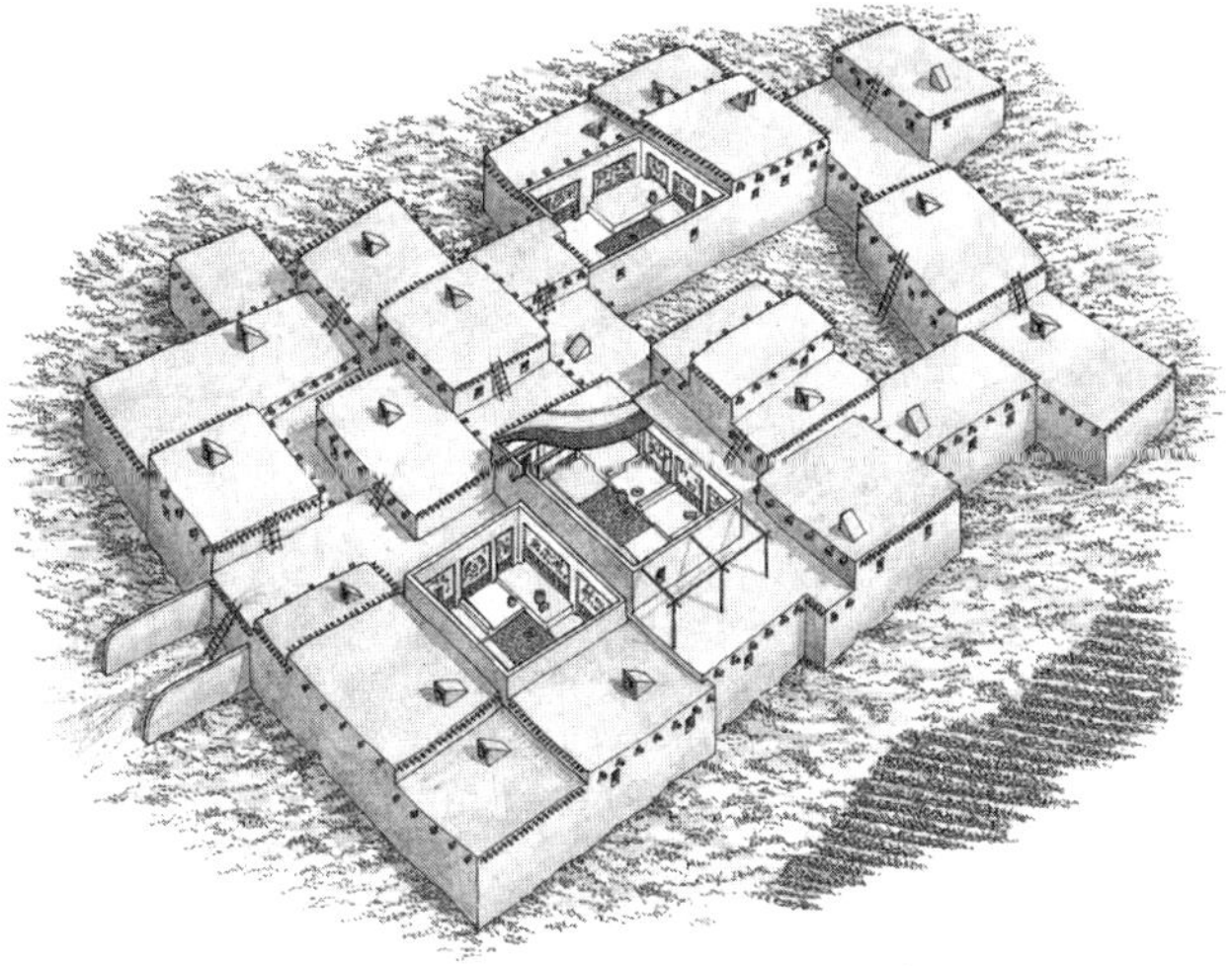

図9　チャタル・ヒュユク遺跡の復元図
(J. M. ロバーツ『〔図説〕世界の歴史①』創元社)

ら、ガッカリしこそすれ懐しさはない。逆にわけのわからない怒りがこみ上げるかもしれない。家が変わっていなかったからこそ懐しいという気持ちが湧《わ》いてきたのだった。懐しいという心の働きは、喜怒哀楽《きどあいらく》の感情とはちがう不思議な感情で、人間にしかない。犬は古い犬小屋を振り返ってシミジミするようなことはしない。人間が、昔のものが変わらずにあるシーンに出会った時に、この感情が湧いてくる。

その時、自分の心のなかでは何が起きているんだろう。おそらくこうなのだ。久しぶりに見た家が昔と同じだったことで、今の自分が昔の自分と同じことを、昔の自分が今の自分まで続いていることを、確認したのではあるまいか。自分はずっと自分である。

人間は自分というものの時間的な連続性を、建物や集落の光景で無意識のうちに確認しているのではないか。

新石器時代の安定した家の出現は、人間の自己確認作業を強化する働きをした。このことが家というものの一番大事な役割なのかもしれない。

第二章　神の家――建築の誕生

地母《ちぼ》信仰《しんこう》と太陽信仰

旧石器時代と新石器時代のことを人類史上では原始時代と呼ぶ。この約二百五十万年におよぶ人間の幼年期を考えるうえで、神さまのことを忘れるわけにはいかない。人々は、聖なるものをあがめ、祈《いの》った。聖なるものを神さまとして、あたかも実在するもののように信じていた。神への信仰が、宗教が、人々を一つに結びつけたし、人々が集まるときまって神が生まれた。神なしの共同体はなかった。聖なるもの神さまを信じる人々は、聖なる物体や聖なる場を決めて大切に扱《あつか》い、その前で拝むだけではなく、神への祈りの気持ちを込《こ》めて、歌い、踊《おど》り、舞《ま》い、演じた。現在、われわれが芸術とか文化的表現と呼んでもっとも高度な脳の働きと考えているものは、ことごとくが宗教に起源し、宗教とともにあった。

人の住いの起源についてすでに述べてきたが、ここでは、人々が共同で作りあげ維持《いじ》した神の家について語りたい。

神は、もちろんこれまで何度も触《ふ》れたように、新石器時代より前からいた。旧石器時代の地母神で、妊娠《にんしん》した母体の姿をとる。洞穴絵画《どうけつかいが》も獲物《えもの》としてのマンモスや野牛から分かるように、自然の恵《めぐ》みの豊かなることを地母神に祈るためだった。

こうした人類最初の宗教としての地母信仰が新石器時代まで脈々と続いたことは、新石器時代を代表するチャタル・ヒュユクの遺跡の一室で出産中の女神の像が祭られていたことからも、日本の新石器時代（縄文《じょうもん》時代と呼ぶ）の遺跡から豊かな乳房《ちぶさ》と腰《こし》（腹部）を持ち、時には女性器を見せる大量の土偶《どぐう》が出土することからも知られる。

でも、洞穴絵画の洞穴も地母神のヴィーナスを祭る部屋も、外から眺《なが》めると特別な作りがしてあるわけではない。中に入ってはじめてそこが特別な空間であることが知られる。内部空間（インテリア）のみが、そこが聖なる場であることを示していた。

普通《ふつう》とはちがう特別に演出された内部空間は、地母信仰とともに生まれた。母なるものはインテリアにおいて表現されたが、外観には表れなかった。現在、残念ながら地母神を飾《かざ》った内部空間を昔どおりに見せてくれる遺跡は、まだわずかしか発見されていないが、ラスコーやアルタミラの洞穴《どうけつ》のような濃密《のうみつ》なインテリアから推測するに（両遺跡ともヴィーナス像は見つかっていない）、地母信仰のための特別な内部空間が作られていたのはまちがいない。

新石器時代に入ると、旧石器時代には考えられないとんでもない建物が現れる。もちろん人の家ではない。なぜなら、時には重さ数トンもの巨石を立てたり積み上げているからだ。新石器時代の文化のうち巨石を好むものを〝巨石文化〟と呼ぶ。世界中にあったはずだが、現在の段階では、もっぱら発掘《はっくつ》調査の進んだヨーロッパと日本で見つかっている。巨石文化でよく知られているのはストーン・サークルで、その代表がイギリスのストーン・ヘンジにほかならない（図10）。世界史の謎《なぞ》として雑誌やＴＶで取りあげられるから、誰《だれ》でも名前くらいは聞いたことがあるだろう。

巨石文化にはストーン・サークル以外にもさまざまなタイプのスタンディング・ストーン（立石）遺跡があり、直線状に並べた列状列石、一本だけ立てたメンヒル（独立立石）、巨石で組み上げたドルメン（巨石墳墓《ふんぼ》）などが知られている。当時の人口と生産力と技術を考えると、途方《とほう》もない大きさというしかないこうした巨石構築物が宗教施設《しせつ》であったことはまちがいない。

それにしても、いったい何を神としてあがめる信仰だったんだろう。母なる大地への地母信仰は大地から離脱《りだつ》するような、こんな人為的《じんいてき》な巨大建造物を必要としないし、むしろ嫌《いや》がる。

太陽だった。

太陽を神としてあがめる太陽信仰であったと考えると分かりやすい。証拠《しょうこ》もある。代表的な巨石遺跡が、太陽の運行と深く結びついていたことが研究によって明らかになっている。たとえばストーン・ヘンジは、夏至《げし》の太陽の日の出に合わせて中心の石が立つばかりか、日の出の方向に向けて大きな溝《みぞ》が、かなたの丘《おか》の端《はし》まで掘《ほ》られていた。ストーン・ヘンジの立石の上の石の棚《たな》には太陽への献《ささ》げ物《もの》を置いたのだろうと推測される。新石器時代世界最大のドルメンとして知られるアイルランドのニューグレンジは、入口から墓室まで19mの通路が続くが、冬至《とうじ》の日の出の光だけが奥《おく》まで射《さ》し込《こ》むように設計されていた。周囲に置かれる巨石には太陽を示す渦巻《うずまき》が刻まれる（図11）。

太陽の力のもっとも強くなる夏至の日の出に合わせたストーン・ヘンジでは、太陽神への感謝の儀《ぎ》礼《れい》が行なわれただろうし、太陽の力のもっとも弱まる冬至の日の出に合わせた王の墳墓は、王の死と太陽の死（冬至）を重ね合わせたのかもしれない。あるいは、死した王の復活を、冬至の翌日から再び勢いが復活する太陽に祈《き》願《がん》したのかもしれない。

旧石器時代の大地を意識した地母信仰とは正反対に、天空の太陽を強く意識した信仰が、新石器時代に出現した。

太陽信仰はなぜ生まれたか

地母信仰から太陽信仰へ、この変化はどうして起こったんだろう。

農耕のせいだったと私は考えている。農耕を始めると、それまでの野生の米や麦を採集していた時とはまるで違《ちが》う決断を農耕の主人公の女性たちは迫《せま》られる。いつ種を播《ま》いたらいいのか。いつ種を播けば、いつ頃《ごろ》に芽が出てスクスク育ってくれるか。間違うと秋の稔《みの》りは減じ、場合によると食料不足におそわれて冬を越《こ》せない。

その年の気候によって種播きの時期は変わる。山の雪がいつごろ溶《と》けはじめるか、流水の温度はどのくらい上がったか、そうした冬から春へと移る気候の動きを鋭敏《えいびん》に感じ取り、早からず遅《おそ》からず播かなければならない。気温が上がったからといって播けば、芽が出たころに遅霜《おそじも》が来て全滅《ぜんめつ》の恐《おそ》れもある。これまでの気候の動きから、先のことも予測しなければならない。その年だけでなく、過去の気候変化の記憶《きおく》も大事。晩秋《ばんしゅう》の初霜が早いと春は早いとか、夏が日照ると春は遅いとか。現在のように農業の科学的研究が進んでも種をいつ播くかは決断を要するのだから、九千年前の祖先にとっては、時に生死を分ける決断となる。

この決断を毎年強《し》いられた女性たちは大きな発見をした。初雪がくるのも雪が溶ける

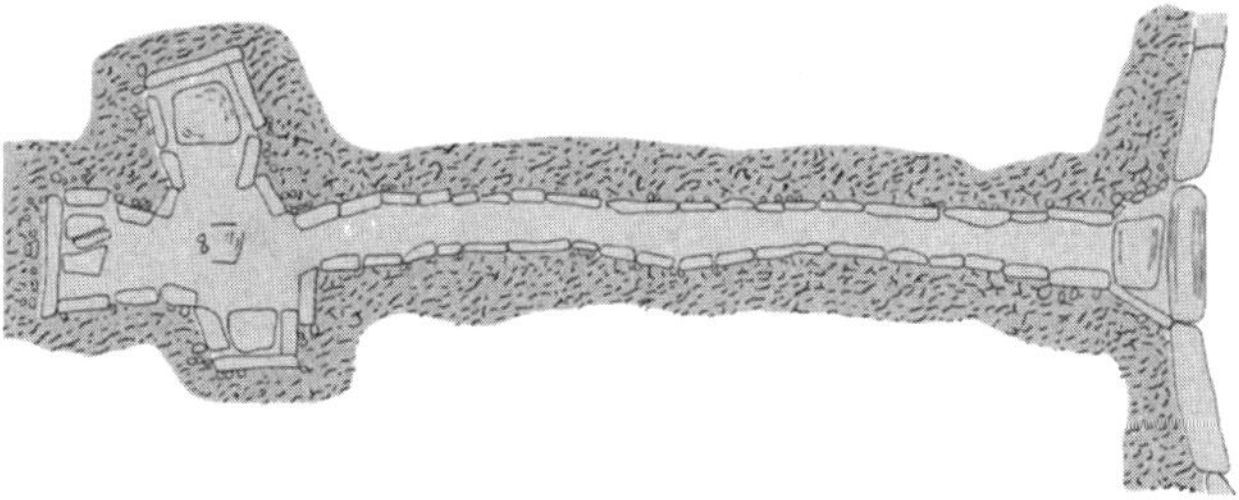

図 10（上）　イギリスのストーン・ヘンジ
図 11（下）　アイルランドのニューグレンジの巨石墓、入口から墓室までの平面図（『日本大百科全書』小学館）

のも、地面が温まるのも芽がスクスク伸《の》びるのも、実が稔るのも、すべては太陽の動きに従っているのだ、と。

農耕のなかで太陽の特別な働きに目覚める以前、自然界のさまざまな現象は地母信仰によって理解されていた。冬が去り、山の雪が溶け、雨が降り、水が大地をうるおし、草木が芽を出し、虫や動物も元気に動きはじめ、子が生まれ、育つ。そして秋が来て、草木は枯《か》れ、死ぬ虫や動物も多い。同じように人間も、セックスがあって、妊娠し、生まれ育ち、やがて死ぬ。このサイクルを繰《く》り返《かえ》す。

すべての自然現象も人間も、生から死へ、死から生へと繰り返し、循環《じゅんかん》する。循環するかぎり、循環に加わる個々のものに本質的な上下はなく、平等である。

個々のものには、山には山の、川には川の、木には木の、動物には動物の、もちろん人間には人間の、神が宿っていると考えられていた。そうした神々のなかで、生命現象を司《つかさ》どる神が地母神として最も大事に扱われてヴィーナス像に彫《ほ》られたのだった。人間と動物と植物の生と死を司どる地母神。でも、農業によって生命現象を本当に動かして

巨石文化
とはなにかて

いるのは太陽であることが分かってしまった。生命現象のエネルギーは、すべて太陽から来るのだ。太陽こそが自然界の循環をグルグル回している。

諸物に平等に宿る基本的な神々の上に立つ太陽の神。地中と地上の循環的世界から切れた天空にあって、地上を支配するたった一人の神。その男性的なる絶対神を、農業を通して発見したのは、皮肉なことに、地母神的なる女性たちだったのである。

新石器時代に出現する巨石建造物、そびえ立つ柱は、太陽に向けて作られた。絶対性、唯一性《ゆいいつせい》を表現すべく巨大に、太陽にとどくほど高く。

でも、ここで注意してほしいのは、太陽信仰が生まれたからといって地母信仰が消えたわけではないこと。地母を動かすのが太陽であることが明らかになり、地母信仰の上に太陽信仰が重なったのである。地母の上に太陽が重なって、生命が生まれる。

万物に宿る神々。その神々を生み出す大地の母。神々と大地の母の上に君臨する父なる太陽、王なる太陽、唯一絶対の神。人類の信仰と文化と社会と政治は、新しい段階に入った。

マルタの神殿《しんでん》

新石器時代の地母信仰と太陽信仰を具体的に知るのに格好《かっこう》の巨石遺跡が地中海のマルタ共和国にある。推理を混じえながらこの神の家について説明しよう。

およそ六千年前から、地中海のアフリカ寄りに位置するマルタ島とコゾ島に巨石文化が出現している。まっさきに温暖化しはじめた地中海南方の恵まれた自然環境のなかで古代象をはじめとする動物を狩《か》り、農業を営み、大きな富を貯《たくわ》えて、それを巨石の神殿に投じたのである。マルタの巨石文化は他のヨーロッパの巨石文化同様、新石器時代にはじまり青銅器時代に入ってからも続いて終わる。新石器時代の宗教遺跡は世界にたくさんあるが、その古さ、規模の大きさ、内容の分かりやすさ、保存状態のよさからいえば、マルタの、現在は神殿（テンプル）と呼ばれる一群の巨石遺跡が一番であろう。

まず近づくと、大きな岩が山のように積みあげられている光景に驚《おどろ》く。かつてはちゃんとした形に積み上げられていたものが、今は崩《くず》れているのだが、それでも正面には切り出した重さ20トンもあるような巨石が壁《かべ》として積まれ、壁の一部には、高さ7mもの大石が立て込まれている（図12）。明らかにかつてあった木造の屋根を突《つ》き破《やぶ》る高さである。

正面中央を高く、左右の塀《へい》を低くした山形状の正面壁《しょうめんへき》の中央には小さな四角い入口が開けられ、そこから入ると、正面には通路が奥へと伸び、左右にほぼ対称形《たいしょうけい》に部屋が並ぶ。大規模なものは入口がいくつもあり、中は複雑になっているが、通路とその左右の部屋の組合せが基本単位であることは変わらない。基本単位は、狭《せま》い入口を入ると通路があり、通路をはさんで二つの部屋が向き合い、通路の突き当りに棚があるという構成をとる（図13）。

問題は、この二つの部屋と正面の棚がどう使われたかである。なぜ、二つの似たような部屋がきまって向き合うのか、正面の棚には何を置いたのか、作りの密閉性からして、王の墓でもあったことは容易に推察されるが、その先ははっきりしない。

ある一つの神殿の入って左の部屋の入口は、一枚岩にあけた茶室のにじり口のような作りになっているが、そこから入り込んだ部屋からヴィーナス像が発掘されたことを知り、私は、謎が解けたように思った（図14）。すでに述べたようにヴィーナス像は旧石器時代にはじまる地母神像で、生命活動を、生と死を司どっていた。一番重要な働きとしては出産の守り神であり、出産時には安産を祈って母の間近に置かれた。

ヴィーナス像の存在からこの部屋が出産のための産室として使われていたことが分かる。でもどうして出産の部屋の入口がこんなに狭く、中は暗かったのか。なぜわざわざ穴のなかのような空間で出産したのか。本当にこんなところで出産がなされたんだろうか。現在の明るく開放的な病院の産室とのあまりのちがいに若い読者はうたがわしくなるかもしれないが、古《いにしえ》の出産はこうだったことを日本の出産の伝統が教えてくれる。明治時代まで各地の集落のはずれに産屋《うぶや》と呼ばれる出産のための特別な建物があったことが民俗学《みんぞくがく》の研究で明らかになっている。きわめて特別な作りで、一人入るのがやっとくらいに小さく、草葺《くさぶ》き屋根を伏《ふ》しただけの作りで、床《ゆか》は土間のまま。土間にはかつては白砂が敷《し》かれ、これを産土砂《うぶすな》と呼んだ。少し前まで、日本にはそうした穴のなかのような空間にもぐり込んで出産する習慣が続いていたのである。マルタのヴィーナス像の部屋は、日本の産屋と思えば納得《なっとく》できるだろう。

とすると、産屋の向かいの部屋は何なのか。もぐり込むような作りになっていないし、ガランとした印象を受ける。おそらく、こっちは、出産と対比的に死にかかわる部屋だったのではないか。

日本では古代、死者を安置するための特別な喪屋《もや》があったことが知られている。天皇の場合は、殯（もがり、あらき）の宮と呼び、一九八九年に崩御《ほうぎょ》された昭和天皇も死後三十七日もの間、新たに作られた殯宮《ひんきゅう》に安置されている。沖縄《おきなわ》に現在でも残る習慣から見ると、もともとの安置期間は長く、三年にもなり、具体的には血肉が腐《くさ》り切《き》って消えるまでにおよぶ。

古代の日本人は、旧石器時代からの信仰を引きつぎ、万物には神が宿ると考えて、こうした神だらけ状態を〝八百万《やおよろず》の神〟といった。欧米《おうべい》ではキリスト教以前の、万物に精《せい》霊《れい》が宿ると考える古い信仰のことをアニミズムと呼ぶが、アニミズムは、人なら人、熊《くま》

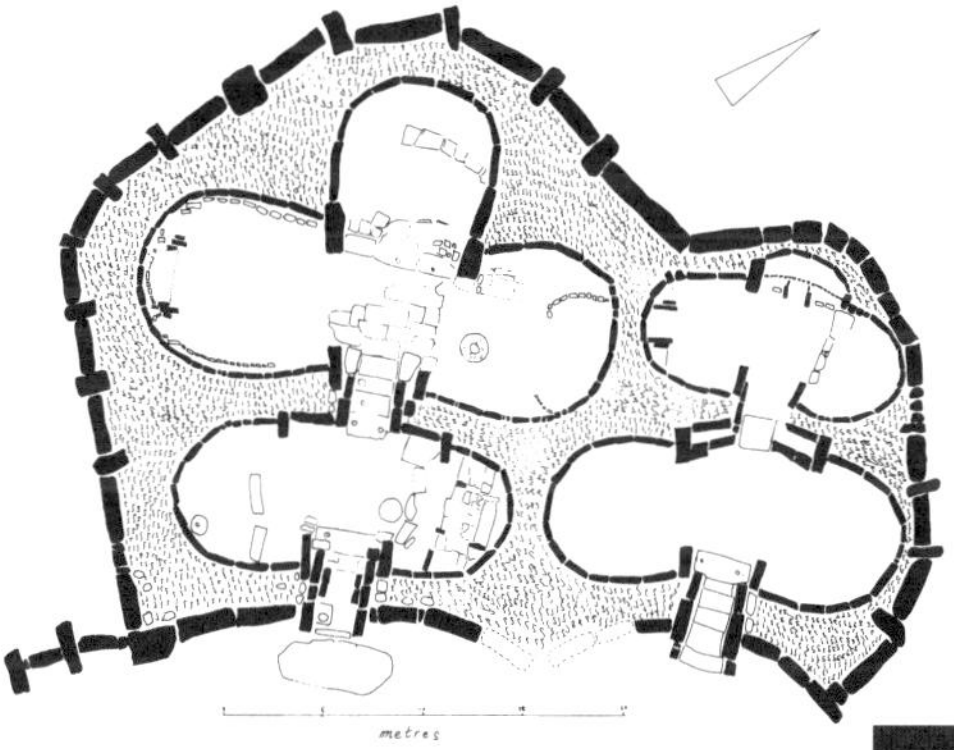

図12（上）　マルタの神殿の正面壁
図13（中）　マルタの神殿の平面図
図14（下）　マルタのヴィーナス像
(以上、『MALTA――AN ARCHAEOLOGICAL PARADISE』M. J. PUBLICATIONS LTD)

なら熊、木なら木には、その実体（人の場合は肉体）とは別にもう一つの存在としての精霊が宿り、実体と精霊の二つが一つになって生きている、と理解する。人間の場合は魂《たましい》であり、今生きている自分は、肉体と魂の合体した状態にある。

妊娠・出産とは、肉体に魂が宿る過程であり、死とは肉体から魂が抜ける過程、ということになる。妊娠・出産が、肉体に魂が宿る過程というのは今の人にも理解できても、死の方はむずかしい。なぜなら、現在の葬送儀礼《そうそうぎれい》においては、肉体が死んだ後の長い過程は省かれ、日を置かずに火葬に付されてしまうからだ。でも、古代の人々は、妊娠・出産に十月十日《とつきとおか》の過程が必要なように、死にも同じくらいの月日が必要と考えた。しかるべき月日がたたないと、肉体から魂がちゃんと抜《ぬ》けないと考えたのである。具体的には、死んだ後、血肉が落ちて白骨になるまでが魂の抜ける過程とした。

この期間のことを喪中という。縁者《えんじゃ》は喪に服する。喪中にはしてはならないことがある。まずセックス、さらに肉食やにぎやかな行事や着飾っての外出など。楽しいこと、元気のでることはつつしまなければならない。生命現象の生と死の二つのうち、喪中には残された生者が活発な生命活動の方をつつしまないと、死者の死の過程がすみやかに進まない。この過程がすみやかにすすまなければどうなるか。死者は、

〟化けて出る〟

のである。現在の日本では、ふつう喪中は一年間で、昭和天皇の場合も一年間が喪中となった。

死の過程の最後の段階に、これは沖縄の習慣によって分かるのだが、洗骨が行なわれる。骨をきれいに洗《あら》い浄《きよ》めることで、魂はスッキリと抜け出る。それから遺骨を墓に運び入れて安置する。これで、死者は無事、死ぬことができた。

ここまで述べれば、マルタのヴィーナスの部屋の向かいの部屋と、通路の突き当たりの棚の用途も分かるだろう。向かいの部屋が喪屋であり、棚には洗骨された遺骨が安置される。通路に円型の水盤《すいばん》の残る例があり、出産の時の産湯用とも洗骨用ともあるいは両用とも考えられる。昔の人々が、生と死を完全に対称と考えていたことを思うと、両用が正しいかもしれない。

マルタの神殿は、生と死の舞台《ぶたい》として作られていた。でも、生と死の地母信仰の起源は旧石器時代にあり、巨石文化は新石器時代の産物である。マルタの神殿のどこに、地母信仰に重なるようにして現われた太陽信仰は表わされているんだろう。

まず、洗骨した遺骨を安置する棚の作りに注目したい。棚の左右にピッタリ寄りそって棚を支える石とは別に石が立つのだが、その石はとても縦長で、垂直の動きを表わす。おそらく、このスタンディング・ストーン（立石）に導かれて、骨から抜け出た魂は天へ、太陽の許《もと》へと届けられた。外周りの壁に屋根より高い巨石が立てられていたのも、同じ働きを期待してのことだろう。神殿の正面や中央の盛り土が山形になっていたのも、同じ意味にちがいない。

神殿は、ふつうの人用ではなく王のために作られたにちがいないが、王の魂を太陽に届ける発射台として、巨石を積み上げ、立てた。建物の大きさ、立石の高さは、王の魂の発射台として必要だった。この発射台のおかげで、王の魂は、地母神の司どる大地（地上、地中）の循環的世界から一人抜け出し、太陽の許へと移り、天空にあって大地に君臨する。

マルタの神殿は、生と死を司どる地母神と地母神を支配する太陽神の二つを合《あわ》せ祀《まつ》る聖なる建物で、大地、地母神、洞穴のような産屋と喪屋が一方にあり、もう一方には、太陽神と巨石とスタンディング・ストーン（立石）がある。

地母信仰が建物の内部というものをもたらしたことはすでに記した。では、太陽信仰は何をもたらしたんだろう。

外観である。大きく高い外観をもたらした。正面の外観のことをファサードというが、ファサードを出現させた。

地母神が人をやさしく包む母のような内部を、太陽神が人の眼前にそびえる父のような外観をもたらし、ここに内外二つそろって、ついに人類は〈建築〉を手に入れた。

新石器時代において、人の住いが生まれ、つづいて神の家が生まれたわけだが、建物としてみれば大きくちがうことを知ってほしい。人の住いは、雨風を防ぎ、快適に日々を送れればそれで十分であった。飾りも必要なければ、人々の心を高揚《こうよう》させるための内部のしつらいも、外部ならではの表現もいらない。実用的であればいい。神の家はそれでは役に立たない。母なる大地の神のために作られた室内は、人をやさしく包み、溶け入ってしまうような気持ちにさせなければならないし、父なる天上の神に献《けん》じられた外観は、人の背筋を伸ばし、大いなるものを感じ取らさせなければならない。内部も外観も、神の存在を知らしめす表現として意識的に作り出された。

そのように作られた建物のことを、ここでは〈住い〉とは区別して〈建築〉と呼びたい。

住いは個々人のものだが、建築は個々人を超《こ》える神や社会のもので、その時代の人々の共同意識が作り出し、そして一たび作り出されるや、逆に人々の意識を組織化する。

住いは、そこに住む人が自分が自分であることを確認する器である、とすでに述べたが、建築は、その社会に属する人々が、自分たちは自分たちであることを確認する器なのである。

建築の外観の起源

新石器時代に生み出された神殿という名の建築の外観の特性を最も高い純度で示すのがスタンディング・ストーンにほかならない。建築の外観はスタンディング・ストーンから始まったのである。

巨石遺跡はいくつも素晴《すば》らしい例が残されているので、建築の外観の起源に想《おも》いをいたしたい人はぜひ訪《おとず》れてほしい。あまりにも有名なイギリスのストーン・ヘンジ以外のものを紹介《しょうかい》しよう。

まず一番高いフランスのロックマリアケルから(図15)。見るまでは信じられないだろうが、実に20mもある。重さは300トンで、ビルの五階分。残念ながら今は倒《たお》れて四つに割れている。もともとは、この20mを筆頭に次が14mで100トンのものが十数本立ち並んでいたが、引き続く世代が、宗教意識の変化によってと思われるが、倒して分割《ぶんかつ》し、近くに新たに作る墳墓の天井石《てんじょうせき》に使おうとした。14mのものは三か所に運ばれて転用されたが、20mのものは割って運びはじめたところで、あまりの重さに諦《あきら》めたらしい。

一番大規模な例としては、フランスのカルナックの列石がある（図16）。身長よりはるかに大きい立石が、八列になったり十一列になったりしながら、断続的に3㎞も続く。カルナック近辺には列石だけでなく、さまざまなタイプのスタンディング・ストーンが残され、ロックマリアケルもその一つ。世界最大規模のスタンディング・ストーン遺跡にまちがいない。

立石の彫刻《ちようこく》的な美しさなら、スコットランドの北の海に浮《う》かぶルイス島カラニッシュのストーン・サークルが一番だろう（図17）。中央に朝陽《あさひ》を受けるようにして一本の扁《へん》平《ぺい》な石が立ち、その根元には墓室がある。中心の一本を数本の立石が囲んでサークルをなし、サークルから北と南に線状の列石が伸びる。スコットランドの海辺のヒースにおおわれた小高い丘の上に林立する石の群れを眺めていると、自分のなかにも大昔の人々の心が息づいているのが分かってうれしい。太古の心をしのぶこれ以上の場はないだろう。

図 15（上）　フランスのロックマリアケルの巨石遺跡
図 16（中）　フランスのカルナックの列石
図 17（下）　スコットランドのカラニッシュのストーン・サークル

周囲の野や山の環境を含《ふく》めて、よく残っているものとしてはイギリス湖水地方ケズウィックのストーン・サークルがある。丘に上り、そう大きくない石のサークルの中に立ってあたりを見回すと、この場所がなぜ聖地として選ばれたのかが分かる。四周を山々が囲み、その中心にちょっと浮いて丘があるように見えるからだ。山や川や木や草が発する霊気というものがあるとしたら、その霊気の海に浮いているように感じられる。

いずれも、その筋では知られた遺跡で観光客も来ているが、誰も訪れない遺跡のなかにも忘れがたいものがあって、たとえば地中海のサルディーニア島タムーリの遺跡には、二つのかわいいふくらみを持つ小さな立石が三つ並んでいる。埋葬《まいそう》されたのが若い女性なんだろう。

なお、スタンディング・ストーンの起源については、天文台とかの諸説があるが、マルタ島の神殿のところで述べたように、死んだ有力者の葬送儀礼の一環として作られたのはまちがいない。ただ、新石器時代にはじまり青銅器時代へと進むにつれ、太陽に向けて王の魂を発射するという当初の目的が忘れられ、太陽への祈りの場に変わっていった可能性はある。

ルイス島などの美しい立石の群れを眺めていると、太陽へ向けての魂の発射台ということを頭で分かっていても、どうして人類は石など立てたんだろう、と改めて思うことがある。

石が立ち、自分が立つ。

ふつう石は重力に従って寝《ね》ているものだが、それを立てる。人の体の、骨と筋肉の最大の関心事は、意識せざる最大の関心事は、二本の足で立つことだという。足底の三点（親指の付け根、小指のつけ根、かかと）で一本の足が立つから、二本だと六点になるが、この狭い六点の内側に体の重心を常に納めておかなければ転んでしまう。人類は立つことで猿《さる》の仲間とはちがう人類となった。このことは、石を立てるということとどこかつながっているのではないか。

人類は立った、そして石を立てる。

スコットランドのヒースの原で青空を背に立つ一本の石の前にたたずみ、見つめていると、自分の背筋が伸び、背骨伝いに何かがスーッと上方へと抜けてゆくように感じる時がある。青空に向かって抜けていったのはなんなんだろう。心とか気持ちとは少しちがう。一時の緊張《きんちょう》の後に抜けていったことから思うに、あれが精神というものではないか。

スタンディング・ストーンは、ひいては建築の外観は、人間の精神をキュッとしめつけた後、天空の超越的《ちょうえつてき》なものへとつなぐ働きをするのではないか。ちょうど、建築の内部が、人間の感情を温かく包んで解放するのと対照的に。

建築の外観は精神に働き、内部は感情に働くのである。

第三章　日本列島の住いの源流

社会の成立と土器の充実《じゅうじつ》

ここまでは世界の人の住いと神の住いの起源について探《さぐ》ってきたが、ここからはいよいよ日本。

といっても、昔むかしの人昔の日本と世界にそう大きなちがいがあるわけでもなく、生産も道具も住いも宗教も基本的には同じと思ってほしい。

ユーラシア大陸の東の果ての海上に浮《う》かぶ、わが列島に人類が渡《わた》ってきたのは、まだ列島が大陸と陸続きだった氷河時代で、マンモスではないけれど、今は亡《ほろ》びた古代象などを追ってやってきた。約一万八千年前の旧石器時代のことである。しかし、人数は少なく、活動も弱かったらしく、象の牙《きば》の家も見つかってはいない。住いは仮小屋のはずだが、その痕跡《こんせき》も見当たらない。わずかに簡単な打製石器が土中から出てくるのみ。今後の発掘《はっくつ》に期待しよう。

約一万年前から地球の温暖化がはじまり、氷河が溶《と》けて海に流《なが》れ込《こ》み、海水位が上がり、日本が大陸から切《き》り離《はな》されて海に浮かぶようになると、にわかに列島は活気づく。温暖化と多雨のおかげで森は生《お》い茂《しげ》り、動物は数を増し、そうした豊かな自然環境を求めて新しい文化を持った人々が渡ってきたのである。

ユーラシア大陸一帯に広がった新石器時代の人々で、すでに述べたように、その特《とく》徴《ちょう》は、生産における農耕・牧畜《ぼくちく》、道具における磨製石器《ませいせっき》（新石器）と土器、住い方における定住と集落である。

こうした世界の新石器時代の特徴のうち、日本の場合、農耕・牧畜は欠けていたというのが長い間定説であった。磨製石器と土器、定住と集落の遺跡は見つかるのに、農耕・牧畜の証拠《しょうこ》が見つからなかったのだからしかたがない。しかし近年、科学分析《ぶんせき》が進み、遺跡の土の中から栽培植物《さいばいしょくぶつ》の花粉の化石を見つけることが可能になり、新石器時代の先進地であるユーラシア大陸と同じように、麦、ハト麦、米（水田ではなく畑で作る陸稲《おかぼ》）、ソバ、ヒエ、アワ、エゴマのような穀類が畑で作られていたことが明らかになった。穀類にとどまらず食用のヒョウタンもあったし、おそらくイモ類も作られていたにちがいない。今から考えると珍《めずら》しいものだが、主食の一つとしてクリが栽培されていたことも分かってきた。牧畜については不明だが、犬は飼われていた。

といっても農耕中心に変わったわけではなく、旧石器時代からの狩猟《しゅりょう》と採集も同時に続いていたことも忘れないようにしよう。島国のせいか、新しい文化や人々が渡ってきても、旧来のものをどっかに追い出すようなことはなく、古いものの上に新しいものが重なってゆく場合がほとんどなのである。

新しい文化を持った人々がどこからやってきたのか。シベリアの奥《おく》から北海道へ、あるいは中国から朝鮮半島《ちょうせんはんとう》を通って、また南の方から北上し、などさまざまな説があって定かでないが、一番早い時期としては、一万年以上前に、南方から島づたいに北上してきた人々が鹿児島《かごしま》に上陸したことが分かっている。しかし、彼らは九五〇〇年前の桜島の噴火《ふんか》で亡びたことも分かっており、その子孫がどこか他の場所で生き延びたのか、それとも似たような人々が新たに大陸から渡ってきたのか、おそらくいろんな場合があって、日本列島の上で新石器時代が花開いたのだと思う。

思わず花開いたなどと書いてしまったが、こと土器については世界の新石器時代のなかで群を抜《ぬ》いている。質も量も充実している。

世界の歴史博物館を訪《おとず》れて新石器時代の展示を見ると寂《さび》しくなる。先行する人類の最初の時代である旧石器時代と、後続の古代エジプト文明などの青銅器時代の間にはさまれ、扱《あつか》いは小さい。スタンディング・ストーンは目立つけれど、それ以外は地味な磨製石器がほとんどで、土器の類《たぐい》などは表面にわずかに紋様《もんよう》がつく植木鉢《うえきばち》ていどの大きさのものばかり。

ところが日本は反対で、歴史博物館の展示はたいてい新石器時代から始まるし、全国各地にこの時代をテーマとした博物館がたくさんある。そして展示の中心となるのが土器。大きなものは高さ50㎝を越《こ》えるし、種類も多く、貯蔵用のカメにはじまり、煮《に》たき

縄文土器は
世界一……

用のナベ、カマ、さらには土笛《つちぶえ》、ヴィーナス像などの土偶《どぐう》まで大量に作られていた。造形的にもすぐれ、うねるような彫刻的装飾《ちょうこくてきそうしょく》が全体を包み、生命力につながる一つの美意識に導びかれていたことが分かる（図18、19）。このような土器は世界でも日本にしかないし、遺跡から発掘される量もけたちがいに多い。人類の美術史のうえで日本の土器以外にこれほどにぎやかな彫刻的装飾が現われるのは、縄文最盛期から千数百年後の中国の殷《いん》の青銅器の出現を待たなければならない。日本の土器が、殷の青銅器に影響《えいきょう》を与えたとしたら面白《おもしろ》いが。

それにしても、どうして日本列島ではこれほど土器の種類が増え、大型化し、美的に発達したんだろうか。カメや壺《つぼ》に貯《た》める食料があふれるほど豊かだったということなのか、あるいは、ヨーロッパが巨石《きょせき》に特化したように人間の文化は何かに特化して発達するもので、日本列島の場合はたまたま土器だったのか。この謎《なぞ》も読者に考えてほしい。

こうした土器は、その縄目《なわめ》の紋様から〈縄文土器《じょうもんどき》〉と名付けられ、日本の新石器時代はふつう〈縄文時代〉と呼ぶ。

図18（上）水煙文土器（山梨県宮町釈迦堂遺跡　縄文・中期）

図19（右）人面装飾付深鉢（山梨県須玉町御所前遺跡　縄文・中期）（以上、『土器の造形――縄文の動・弥生の静』東京国立博物館）

縄文時代の竪穴式《たてあなしき》住居

そうした土器が使われ、置かれていた縄文時代の住いのことを縄文住居と呼ぶが、その作りはどうだったんだろう。日本最初の住いは土器なみに充実していたんだろうか。

日本最初の住いは、鹿児島に作られている。一万年以上前のこと、温かい黒潮に乗って、南の島づたいに鹿児島に上陸した人々がいたことはすでに述べた。彼らこそ、今のところ分かっている最初の縄文人で、磨製石器と土器を携《たずさ》え、丸木舟《まるきぶね》に乗って上陸し、上野原（現、鹿児島県国分市川内）に定住して住いを作り、五十戸を超《こ》える集落をなした。平面は最大のもので直径5m60㎝ほどの円形で、棰《たるき》を円形に並べ、その上を草で葺《ふ》く。室内に炉《ろ》はない。より発達した後の縄文住居のように、柱を立て、上に梁《はり》を架《か》ける作りはしていない。小さな円形の平面を細い棰で作る円錐《えんすい》形の外観は、旧石器時代の仮小屋の伝統を引《ひ》き継《つ》いでおり、日本の住いも世界の新石器時代の住いと同じようにスタートしたことが分かる。

上野原に定住した最初の縄文人の住いは、残念ながらそれ以上発達することはなかった。九五〇〇年前の大噴火で集落もろとも灰に埋《う》もれ亡びてしまったのだから仕方がない。最初の上陸者は亡びたが、以後、黒潮に乗って南から、朝鮮半島を経て西から、北方の島づたいに北から、陸続と新石器時代人は日本列島に上陸し、縄文文化は花開き、縄文住居の形式が成立する。

まず平面から見てみよう。当初は円形であったがしだいに角形に変わり、面積も広くなる。入口は一つ設けられ、中央には炉が切られる。

構造は、柱の上に梁を架ける柱梁構造をとり、柱は礎石《そせき》を持たない掘立柱《ほったてばしら》。掘立柱は四本が基本だが、面積が広くなると五本、六本と増える。柱梁構造の上には小屋組《こやぐみ》が乗る。小屋組の構造については、地上から棰を差しかけるやり方、梁の上に三角形のサスを組むやり方、梁の上に垂直の束《つか》を乗せるやり方の三つが提案されている。私は日本で初めて原始時代の住居（登呂《とろ》遺跡、図20）を復原した関野克《せきのまさる》のサス説を支持するが、理由は私の先生の先生だったからではなく、日本のその後の民家がサスの小屋組（図21）

を取っているからだ。

柱や梁に使われていた構造材の木の種類はクリであった。なぜクリが使われたんだろう。農業としてクリの栽培が行なわれていたからだろうか。クリは一番腐《くさ》りにくいからだろうか。ちがう。山にはクリのほかに松や桧《ひのき》や杉のような真直《まっす》ぐな針葉樹《しんようじゅ》も生えていて、わざわざ曲がり気味のクリを使う必要はない。たしかにクリは腐りにくいが、針葉樹でも目のつんだのを選べば二、三十年は保つ。

理由は、樹《き》を伐《き》る道具の方にあった。磨製石器の石斧《せきふ》ではクリが一番伐りやすいのである。桧に代表される柔《やわ》らかい針葉樹とクリに代表される硬《かた》い広葉樹をくらべると、柔らかい針葉樹の方が伐りやすいと頭では考えがちだが、実際に石斧《せきふ》を振《ふ》って試してみると、針葉樹には弾力性《だんりょくせい》があって、石斧の刃《は》をはね返してしまう。鉄の斧《おの》の鋭い刃先でこそ針葉樹はよく伐れる。石斧のそうシャープとはいえない刃先も、硬い広葉樹の肌《はだ》なら伐り込むことができる。石斧の刃の立つ樹種としてまず広葉樹が選ばれ、次にたくさんあって腐りにくいことからクリに特化したにちがいない。

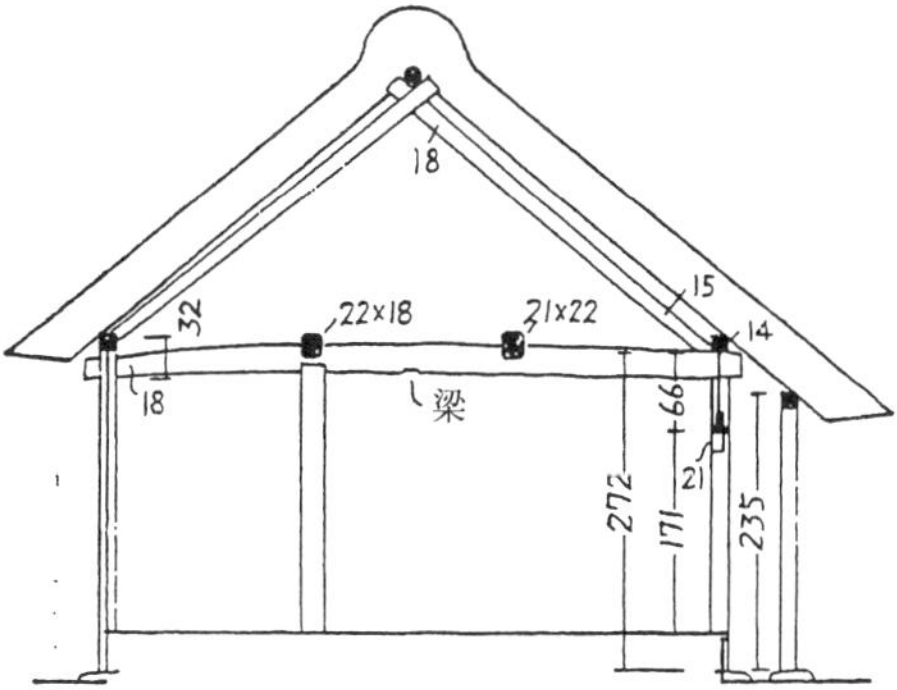

図 20（上）　登呂遺跡。梁の上の小屋組はサスになっている。
図 21（下）　民家のサスの小屋組。
（『山梨県の民家』第一法規出版）

伐り出された丸太は、どのていど加工されて使われたんだろう。ポイントは柱と梁の形状と接合部。まず形状からみると、丸太のままがふつうだが、表面を削《けず》った角材も使われていた。接合部は縄でしばるのがふつうだったが、時には、枘《ほぞ》と枘穴による接合もなされたことが分かっている。

柱と梁の構造は、背の低い場合は問題ないが、高床式《たかゆかしき》になると、地震《じしん》や大風による水平方向の外力に弱い。この弱点は、柱同士を横に貫《つらぬ》いてつなぐ貫材《ぬきざい》によって克服《こくふく》できるが、はたして縄文時代に貫はあったのかなかったのか。明快に貫が使われていたと見なせる発掘成果はまだないが、新石器には十分貫穴を開ける能力があることと、中国の新石器時代には貫が使われていたことが分かっており、縄文時代にも必要とあらば貫による補強がなされていたと考えていいと思う。

板はあったのかなかったのか。建築用の木材加工でなにより手間がかかるのは板。角柱は丸太の四面を斧で削れば一丁上り。枘も枘穴も、小さな石斧でチョッチョッと削ればいい。板はそうはいかない。現在、板はノコギリで挽《ひ》いて作るが、製材用の横挽きのノコギリが登場するのは鎌倉《かまくら》時代を待たなければならない。鉄のない新石器時代、石の斧だけで板ははたして作れたんだろうか。鉄器はむろん青銅器も持たなかったアメリカ原住民は、石の斧と石の斧で削り出した木製のクサビだけで板を立木からハギ取っていたことが分かっている（図22）。

まだ縄文時代の遺跡から板は出土していないが、世界的にみれば日本の新石器時代にも板が作られていてもおかしくない。

以上のような平面と構造を持つ縄文住居は〈竪穴式住宅〉と呼ばれる。穴というほどではないが、地面を浅く掘《ほ》り下《さ》げて、その土間の上に草や皮を敷《し》いて暮らしていた。最初の上野原の例も、浅く掘られていたし、ふつう数10㎝はあり、北海道の釧路《くしろ》では身の丈《たけ》を越える文字通り竪穴の例も見つかっている。掘り下げたのは寒さから逃《のが》れるためだった。冬の星空の夜、地面は〝放射冷却《ほうしゃれいきゃく》〟と呼ばれる現象によって一気に冷え、地中まで凍《こお》りつく。凍りつく深さを〝凍結深度《とうけつ》〟といい、たとえば現在の信州松本は決まりにより405㎜ということになっているが、この凍結深度より深く掘れば土間の表面が凍《い》てつくことはない。

冬の厳しい地方では、防寒こそが最大の関心事だった。土間を掘り下げるだけでは足りず、屋根には、棰の上に茅《かや》や葦《あし》をはじめとする草や、白樺《しらかば》の皮などが葺かれていたが、雨はそこそこ防げても、冷えきったすきま風と放射冷却による刺《さ》し込《こ》むような寒気は屋根面を貫いて上から刺し込んでくる。手は一つ。茅や白樺葺きの上に土を載《の》せて住い全体を土で包んだ。こうすれば、寒気もすき間風もシャットアウト。土を載せるには流れないように屋根の勾配《こうばい》をゆるくしなければならないし、それでも雨で流れてしまうから、土に草を植えて土を固定した。このやり方を〝土葺き〟というが、見た目には土は見えず草が生えているから、遠くから眺《なが》めると、草の原がところどころポコポコと盛り上がるような不思議な光景だった。人の住いというより動物の巣。

日本列島の山間部や、東日本のような寒い地方では土葺きが当たり前だったにちがいない。ただし、日本海側の雪国では、屋根に積る雪が土と同じ働きをしてくれるから、わざわざ土で包む必要はなかった。

図22　アメリカ原住民が石の斧で板を作った図
（スミソニアン博物館）

動物の巣のような野原に埋もれた住いには抵抗感《ていこうかん》のある人もいるかもしれないが、ユーラシア大陸の寒い地方の新石器時代の住宅は大方そうだったと私はにらんでいる。でも、いつもいつも野原に埋もれて暮らしていたわけではない。その証拠に、縄文住居を発掘すると、土器や石器は家のなかより周囲の野外に置かれているほうが一般的なのだ。冬とか雨の日とかをのぞくと、食事も作業も野外を基本としていた。気候のいい時には、湿度《しつど》の多い土葺き住宅から出て、旧石器時代さながらの仮小屋で寝《ね》たかもしれない。涼《すず》しさを求めて、太い木の低い位置から伸《の》びる枝の上に仮小屋を組むことだってあったろう。『日本書紀』には、東日本に暮らす蝦夷《えみし》について「夏は櫟《す》に寝《ね》、冬は穴に住む」と書かれている。この記述には、西日本の大和朝廷《やまとちょうてい》から見た東日本に対する差別的意図が含《ふく》まれているので、本当かどうか分からないが、冬に穴状の住いに寝ていたことはまちがいない。

縄文住居は竪穴式を基本としたが、すべての建物が竪穴式だったわけではない。集落には皆《みな》の食料を保管する倉庫も必要で、とりわけ麦や米やヒエやアワのような穀類は、来春の種播《たねま》き用の種籾《たねもみ》を春まで絶対に安全に保存しなければ農業は成り立たない。ネズミをはじめとする小動物や虫から食料を守るには、竪穴式ではダメで、高床式にしなければならない。数は少ないし規模も小さいけれど、動物の巣のように盛り上がる土葺き住宅の広がりのなかに高床式の建物が点々と立っていた。

高床式のほかにもう一つ、竪穴式ではあるがふつうの一家族用住宅にしては大きすぎる建物のあったことも分かっている。三内丸山遺跡のロングハウスは、長さ32m、巾10mにおよび、皆で集まって何かする建物か、特別な用途《ようと》の住いだったかだろう。

縄文住居は美しかったか

さて、こうした縄文住居は美しかったのか。美を意識して作られていたのか。縄文土器にあれだけの美意識と造形意欲を込めた縄文人は住いをどう飾《かざ》ったんだろう。

今のところ、どの遺跡からも建物を飾った証拠は見つかっていない。あるいは、実用一本槍《いっぽんやり》で、丸太を組んだ上に雑に草を葺いただけだったかもしれないし、土葺きに仕上げる場合も、生える草の種類を選んだり切ったりせず、生えるにまかせていたかもしれない。

現在、各地でたくさん作られている復原縄文住居を訪れると、茅葺きの屋根が美しい。表面は切り整えられ、風化した茅が白く銀色に輝《かがや》く。まるで今も各地に残る民家の屋根のように味わい深く、郷愁《きょうしゅう》をさそう。でも本当にそんなだったんだろうか。伝統的な草葺き民家の美しさは、壁でも柱でもなく、大きくゆったりと盛り上がる茅葺き屋根に負うているが、その美しさをそのまま復原家屋に持ち込んで大丈夫《だいじょうぶ》なんだろうか。

実は、やってみるとすぐ分かるが、復原家屋で一番の難所は屋根なのである。傾斜《けいしゃ》がはっきりしないうえ、肝心《かんじん》の葺き材の調達でつまずく。私は二度つまずいた。柱、梁、棰といった木材はよい磨製石斧があれば簡単で、一日ですむ。ところが葺き材の草の類はそうはいかない。細くて柔らかいことが石器には裏目に出る。現在の民家に習って茅、葦、藁《わら》のどれかを使うとしよう。葺き厚も30㎝ほどにしよう。そう考えて、たとえば茅を刈《か》り始《はじ》めると、刈れども刈れども集めれど集めれど、二、三日やそこらで予定の厚さにはいたらない。原始力利用家作りの労力の大半は屋根葺き材の調達に費《つい》やされる。

よく切れる現代の鎌でザクザクと刈り込んでこの始末なのに、縄文時代には鉄の刃物はなかった。黒曜石の打製石器か、軟《やわ》らかい石の磨製石器のどちらかになるが、どちらも帯に短かし襷《たすき》に長しで、茅を切り取ることはできない。それとも、一本一本、手で節のところを折るか。実は、どんな道具を使ってどう葺き材を刈り取ったのかまだ分かっていないのである。

いずれにせよ木材の調達にくらべ草の調達は十倍、二十倍の時間がかかったに相違《そうい》ないが、さてなんとか調達して、屋根の下地にしばりつけた。現在は、しばった後、大きなハサミで表面を刈って人の頭髪《とうはつ》のように美しく整えるが、石器では絶対に無理で、バサバサと不整いのまま作業を終えるしかない。大方の復原家屋のような美しき草葺き屋根は石器時代には不可能だった。土葺きの場合はなおさらで、さまざまな草が伸びたり枯《か》れたりして屋根の上の野原状態だったろう。室内だって、ススでただただ黒く暗いだけ。

縄文ファンには残念ながら、石器時代の建物に美しさは期待しないでいただきたい。日本の縄文時代だけでなく数千年に渡り安定した文化では、人間活動のさまざまな分野がひどくアンバランスな発達をとげやすい。

暦《こよみ》や石造建造物や彫塑《ちょうそ》的造形はすごく発達させながら、道具は新石器のままに十世紀まで続いた中南米のマヤ文明はその代表だが、おそらく一万年ほど前から数千年にわたって日本列島の中で発達した縄文時代も、美意識と造形意欲を土器には注いでも住いには頓着《とんちゃく》しない、そういう時代だったのかもしれない。原始、古代のどの文明でもどの地域でも、人の住いは、神の住い（神殿《しんでん》）や王の住い（王宮）にくらべ、ひどく貧相なのがふつうなのである。縄文住居は、世界の新石器時代のなかでは、むしろ充実していた方かもしれない。

美しさに乏《とぼ》しかったのはもうひとつ、石器の加工能力に理由があって、木造建築がその美しさを発揮《はっき》するには、次の時代の青銅器か鉄器が欠かせない。

鉄器と稲作《いなさく》と高床式住居

その青銅器と鉄器は、今から二三〇〇年ほど前の紀元前三世紀頃に大陸から入ってきた。道具だけではなく、生産、社会、文化、生活などの全面に渡って新しいあり方がもたらされ、縄文時代は終わる。

ふつう世界では、旧石器時代──→新石器時代──→青銅器時代──→鉄器時代と歴史は進歩するが、日本の場合、新石器から青銅器そして鉄器への移行が短縮され、新石器時代につづいて青銅と鉄の時代が一緒《いっしょ》におしよせた。正確にいうと青銅器は道具としては使われず宗教儀礼《しゅうきょうぎれい》や宝物用で、鉄器が道具であったから、実際には新石器時代から青銅器時代をとばして直接、鉄器時代へと突入《とつにゅう》した。石器の時代からダイレクトに鉄の時代なのである。

技術が一気に高度になった。石とはくらべものにならないほど用途が広くて性能のいい鉄器。鉄の剣《けん》、鉄の鏃《やじり》。その製作には鉱山と製鉄の高度な技術が必要になる。同時に、縄文土器のように豊かな装飾はないけれど、高温で硬く焼きしめられた弥生《やよい》土器と呼ばれる土器や、装身具用のガラスや金も入ってきた。

農業も変わった。それまでの陸稲よりはるかに収穫量《しゅうかくりょう》が多く、気候変化にも強い水稲《すいとう》がもたらされ、水路を開いて水を導き、畔《あぜ》を立てて囲んだ水田で栽培された。縄文時代の畑作では先の尖《とが》った棒と小さな石器が農具として使われていただけだが、新しい農具は、木製ではあるが、鋤《すき》も鍬《くわ》も今とほとんど変わらない形式に到達《とうたつ》している。ニワトリや豚《ぶた》の畜産も始まった。

食料生産が増え安定すると、人口も増え、社会も大型化し、あの谷この丘《おか》のいくつもの集落が一つに組織されて村となり、いくつもの村が集まって地域の集団が作られ、しだいに大型化してやがて国が生まれ、王が立つであろう。王はやがて天皇《てんのう》と呼ばれる。今の天皇の祖先である。

紀元前三世紀にはじまる水田と鉄の新しい時代を〈弥生時代〉といい、引きつづいて三世紀にはじまる国が生まれ王が立つ時代のことを〈古墳《こふん》時代〉と呼ぶ。日本史では二つに分けて扱われているが、住いと建築でみると二つの時代に根本的な差はなく、一つの時代として扱う。

現在の日本に直接つながるこの新しいあり方が、どのようにして日本列島にもたらされたのかについては諸説が乱れている。鉄を使い、田んぼを作り、天皇と国が生まれるほどの大変化だから、諸説が乱れるのは仕方ないが、ポイントは水田での稲作である。中国大陸から伝わったのは間違《まちが》いないとして、どこで始まり、どのようなルートをへて日本に上陸したのか。始まった場所は、長江《ちょうこう》の下流域とまで絞《しぼ》られているが、ルートは長江から沖《おき》に出て島づたいに北上したのか、長江流域から海路をダイレクトに入ってきたのか、あるいは海に出た後、朝鮮半島南部をかすめたのか、それともいったん陸路で北上し、朝鮮半島をへて伝わったのか。

伝わった後のことも諸説が乱れる。伝えた人々は大グループをなし、民族移動のようにして縄文人を征服《せいふく》しながら新しいあり方を広げていったのか。渡来《とらい》した人々は少数で、平和共存のうちに知識と技術が各地の縄文人の間に伝えられていったのか。

参考になるかどうか、私の生まれ育った山国信州の村には水田稲作到来の事情が具体的に語り伝えられている。縄文時代に栄えた地域で、〝縄文のヴィーナス〟と愛称《あいしょう》される国宝の土偶（図24）も発掘されているが、古い古い昔、その地域を支配していたのはモリヤ（洩矢）と呼ばれる一族で、神とされ、モリヤの山を神の座とし、もっぱら狩りや簡単な畑作に明け暮れていた。『日本書紀』によると、そこにある日突然、出雲《いずも》の大国主命《おおくにぬしのみこと》の次男の建御名方命《たてみなかたのみこと》が、攻《せ》め込《こ》んできた。モリヤは諏訪湖《すわこ》から流れでる天竜川の河口で出雲勢を迎《むか》え打《う》ち、鉄の鈴をふり鳴らして得意の呪術《じゅじゅつ》を使うのだが、出雲勢の藤蔓《ふじづる》を使った呪術に夜間に破れ、しかたなく、神の座を建御名方命に譲《ゆず》り、自分は神官に降りる。その時、出雲勢から水田の技術を教えられたという。現在もモリヤ（守矢）家は健在で、現当主で七十八代を数え、諏訪大社神体山の１６５０ｍのモリヤ（守屋）山を神の山として護《まも》っている。縄文の血を引く地付きの一族は、少人数の侵入者《しんにゅうしゃ》に戦闘《せんとう》では破れトップの座は譲るものの、多勢に無勢、地域支配の実権は失なわず、新しい技術を学び、侵入者との間に消えがたい緊張《きんちょう》をはらみつつも基本的には共存してゆく。

はたしてこうした在来多数派と新来少数派の緊張含みの共存関係が全国どこでもあったかどうか知らないが、水田稲作と鉄を核《かく》とする新文化は、日本全国に広がり、広がる先々で、集落と住いに大きな変化を起こす。

まず集落の立地が変わる。縄文時代は湧《わ》き水《みず》やせせらぎに近い台地の上が好まれたが、弥生時代に入ると、水田の広がる川辺の低地へと移ってゆく。ただし、敵対勢力との戦闘に備えるため、空濠《からぼり》を巡《めぐ》らした台地の上に構えられた城のような集落もあった。

住いも変わり、一言でいうと、南方的な作りが現われた。

縄文住居は、寒さ対策が主で、土間を掘り下げ、屋根を土で包んだりもしていたが、新たに登場したのは、高床式であった。掘立柱の上に、地面から浮かして床を張り、その上に家を作る。もちろん、縄文時代にも食料倉庫としての高床式は作られていたが、住いははじめてだった。

どうして水田稲作とともに高床式住宅がもたらされたんだろう。

水田稲作が始まったのは長江の下流の、暑く、大雨が降ればすぐ川の水が周囲にあふれ出るような低湿地《ていしっち》だった。水稲は名のとおり南方の水草のような作物で、養分をもたらす洪水《こうずい》を好みこそすれ嫌《きら》わない。ナイル川流域の氾濫《はんらん》地帯で麦作が発達し、古代エジプト文明を生み出したのと似ている。そうした場所に作る住いは、まず洪水対策、加えて湿気と暑さ対策が欠かせないから、どうしても高床になってしまう。洪水に合わせて、高床と舟が発達する。

そして、長江流域に何があったのか、北の麦作の漢民族に追われたのか、水稲の種を携えて舟に乗り、日本に渡来し、縄文人が狩りにも畑作にも期待しなかった川の河口地帯に高床の家を作り、水路を掘り、畔を立てて、水田を開拓《かいたく》していった。

でも、日本の地形はどこまでもまっ平らな長江流域とは大きく異なり、洪水はあっても見渡すかぎり水没《すいぼつ》するわけではなく、水のほとりに土手もあれば、小高い場所も広がる。そうした場所を選べば、高床式は不要で、竪穴式で十分。実際、弥生時代の住宅をみると、一部をのぞいて竪穴式なのである。旧来の竪穴式に住む人々が、水田稲作の新しい技術を受け入れ、広めていったと思われる。

伝統の竪穴式住宅が面として広がるなかに、点のようにしてその地域の首長の住む高床式住宅があった。こうした高床式がやがて各地のリーダーの、さらに天皇の住いへと発達してゆく。

家屋文鏡

弥生時代にはじまり古墳時代にいたる住いの姿は、古墳時代に作られた青銅の鏡の飾りに見ることができる。その名も〝家屋文鏡〟と名づけられているように、約一七〇〇年前のさまざまな住いの姿がまことにリアルに描かれている。大きな屋根を地にふせたような竪穴式、地面すぐに床を掘り壁《かべ》が立ち上る形式、高床式には二種類あって、大きくて立派な作りと、簡単な作りとである。高床にはちゃんとハシゴがかかり、立派な方には手すりまでついている（図23）。

この四つの形式は何を意味するのか。

池浩三《こうぞう》は、天皇即位式（大嘗祭《だいじょうさい》）の儀礼書としての性格を持つとして、各建物を解釈《かいしゃく》した。説得力のある魅力的《みりょくてき》な説だが、考古学と古代史の楽しみは、〃一人一説〃にあり、私なりの解説を以下につづりたい。

天皇もしくはそれに準ずる者の古墳に埋められていたことからして、王の霊《れい》が死後に暮らす住い、つまり宮殿の姿と考えてはどうだろう。埴輪《はにわ》で立体的に作る場合もあるが、ここでは一枚の鏡に浮《う》き彫《ぼ》りにした。宮殿にはもっといろんな建物があったろうが、王として欠かせない建物を四つ選んだのではないか。

まず、左手に台が張り出している二《に》棟《とう》に注目しよう。台の上には斜《なな》めに棒が突《つ》き出《で》て、先っちょに日傘《ひがさ》がついている。傘の下で人の座る露台《ろだい》であることが分かる。こうした日傘のことを衣笠《きぬがさ》といい、古代において王や貴人がそこにいることを示す標式である。現在祭礼の時も、大きな寺院の高僧《こうそう》が人前に現われるとき使われることがある。この二つの建物こそが王の寝起きする住いで、目下の者と謁見《えっけん》する時はこの露台に出てきて会った。

そう考えると二つの建物が大きさといい細部の作りといい他の二つより充実している

図23　家屋文鏡、下段は家の紋様の拡大図（『日本建築史図集』彰国社）

のは分かるが、でも、どうして高床と竪穴の二棟あるのか。高床の方が竪穴より格が上という一つの考え方に従うと、高床は王もしくは女王、竪穴はその配偶者《はいぐうしゃ》もしくは子供たち、とも解釈できるが、夏の家と冬の家と考えてはどうだろう。とにかく日本の気候は夏冬の寒暖の差がはげしく、「夏は樔《す》に寝、冬は穴に住む」伝統に王も従っていたのではないか。竪穴式の屋根が土葺きでないのは、東日本にくらべれば温かい奈良《なら》地方に王が住んでいたからだろう。竪穴の衣笠が小さいのは、考えすぎかもしれないが、冬は日当たりを好むから。

残りの二つは何の建物だろう。王の王たるを示すとすると、一つは神を祭る神殿にちがいない。なぜなら、神を祭り、神の意志を聞くことのできるのは王の特権だったからだ。神の存在を具体的に示すさまざまなシンボルが納められていた。特別な柱とか、青銅の鏡や剣、石の曲玉《まがたま》とか。もう一つは、王の力を現実的に表わす物を納める倉だったんじゃないか。具体的には、領内から集めた各種の収穫とか、あるいは種籾とか。

とすると、二つのうちどっちが神殿でどっちが倉だろう。倉は高床がふさわしいとすると高床式が倉で平地式が神殿になるし、神は高い方がふさわしいとなると、逆になる。どちらも考えられるが、高床式は王が集めた収穫の置き場としては小さすぎるし、その後の日本の神社が高床式を主流とすることから考えると、高床式を神殿、平地式を倉、と見なしたい。

家屋文鏡の浮き彫りはもっとさまざまなことを語ってくれる。

たとえば建物の細部の作りをみると、高床式の二つの床式部分の柱と柱の間には山形の紋様が刻まれているが、これは薄《うす》い割り板や草を交互《こうご》に重ねて編んだ網代《あじろ》にちがいない。似たような紋様が屋根面にも描《えが》かれている。

夏の住いとした高床式の二階の柱と柱の間には横筋が刻まれているのは、板壁だろう。板と網代の壁の外、古代の壁としてはもう一つ土塗《つちぬ》りがあるが、平地式の倉とした方の柱と柱の間の無地の壁は土塗りと考えてはどうだろう。

建物と直接関係ないけれど、注意深い読者は、四つのうち三つの建物の屋根のてっぺんに大きな鳥がとまっていることに気づかれただろう。古代において鳥は、とくにカラスは王の魂《たましい》の乗り物と考えられていた。天上のあの世と地上のこの世をつなぐのが鳥。鏡に描かれているのは死後の王の魂が住むべき宮殿の姿であるとしたが、鳥を描くことによってあの世の光景であることを示した。

さて、では家屋文鏡に描かれたような、弥生時代から古墳時代にかけて作られた建物は縄文時代と具体的にどうちがっていたんだろうか。相変わらず竪穴式は大量に作られつづけているし、数でいえば圧倒的《あっとうてき》多数を占《し》める。

まず一つとして、特別な建物にしか使われなかったが、縄文時代の高床式とはことなり本格的な高床式住宅が作られたことがある。地面から浮かして床を張る今日につづく住いが始まったのである。

構造の変化としては、縄文住居の小屋組（屋根の骨組）はサス構造だったが、梁の上に束を立てる束立て構造が新たに持ち込まれた。

木材についてみると、縄文時代の材は丸太だったが、角材が作られるようになり、柱とか梁とか束とか壁とかさまざまな箇所《かしょ》に使われる。角材を作る技術は縄文時代にもあったが、実際には例外的にしか角材は使われていなかった。

弥生時代以後、角材がたくさん作れるようになったのは、ひとえに鉄器の出現のおかげである。すでに述べたように鉄の斧は石の斧の四倍の性能を持つが、それが主な理由ではない。スピード以上に重要なのは建築用木材の樹種のことで、薄く弾性のある鉄の刃先のおかげではじめてクリに代り桧、杉、松といった針葉樹《しんようじゅ》が自由に加工できるようになった。針葉樹は、樹がまっすぐ伸びているうえに木質が柔らかくて軽く、建築用材としては広葉樹よりずっとふさわしい。

木の加工用の鉄器としては、斧、手斧《ちような》、ノミ、槍鉋《やりがんな》があった。

これだけの大工道具があれば、木と木の接合も、縄でしばるのではなく枘と枘穴などの木組の技術を駆使《くし》して組み合わせるのが、石器よりずっと楽に高い精度で可能になるし、柱の間に板を落し込むのも、角材と角材を組み合せて校倉《あぜくら》造りにするのもすべて可能になる。

屋根の茅を刈り整える大型のハサミはなかったが、鉄の鎌はあったから、ザックザックと刈り取ることはできたし、刈り取った茅の端をきれいに整えて葺くこともできた。今ほどではないにしても、ザンバラ頭状態はついに脱《だっ》した。

弥生時代から古墳時代にかけて、鉄器出現のおかげで、今日まで約二千三百年間脈々と続く日本の木造建築の基本が固まった。

斧、ノミ、ノコギリ（飛鳥《あすか》時代に出現）、鉋《かんな》といった鉄の大工道具を使って、桧、杉、松のような針葉樹をシャープに加工して柱、梁、板などの各種角材を作り、接合部を柄、枘穴をはじめとする各種継手《つぎて》仕口《しくち》でつなぐ。構造は柱・梁の軸組構造で、柱と柱の間に壁はあまり作られず、作られても構造体としては期待されていない。大きな屋根がかかり、床が張られる。床から柱、梁、軒先《のきさき》にいたるまでの、どの材にも塗装《とそう》はほどこされずに素木《しらき》のまま。平面は、壁が少ないことからオープンで、室内だけでなく、室内と室外もオープン性が高い。

こうした、日本の伝統的木造建築を特徴づける構造、材料、平面の今日の基本的なあり方は、弥生時代から古墳時代にかけての時期に、一つのセットとして確立されたのである。

作り方が確立されるのと同時に、美しさも出現した。鉄の大工道具による高い加工技術がもたらしてくれた木造の精緻《せいち》な美しさと素木ゆえの自然な美しさ。鉄器によって、日本の木造建築ははじめて、石器時代の建築には欠けていた美しさというものを獲得《かくとく》したのである。

第四章　神々のおわすところ

遺跡《いせき》にみる日本の神の住い

いずこからかやってきて日本列島に住みついたわれらがご先祖さまたちは、どこを聖なる場として選んで整え、どんな神に祈《いの》り、いかなる建物を建てたんだろうか。この章の話は、旧石器時代から縄文《じょうもん》・弥生《やよい》をへて古墳《こふん》時代までおよび、伊勢神宮《いせじんぐう》や出雲大社《いずもたいしゃ》のような、読者もよく知る神社が登場するけれど、そうした信仰《しんこう》と神々の基本的な性格は、けっして日本独自のものではなく、第二章で述べた旧石器時代や新石器時代の世界の人類と同じところから始まったことを忘れないでほしい。ヨーロッパの宗教は、やがてそうした古い信仰を切り捨て、キリスト教に代表される今日までつづく新しい信仰でヨーロッパ全域をおおうようになるが、なぜか日本列島では人類の信仰の原型が、新しい要素を添加《てんか》しつつも、二十一世紀まで生きつづけることになるのである。

まず、旧新二つの石器時代における日本列島の神々のようすを見てみよう。

旧石器時代については、残念ながら、ヨーロッパのように洞穴絵画《どうけつかいが》やヴィーナス像のような地母信仰《ちぼしんこう》の遺物は見つかっていない。おそらく、ユーラシア大陸の東の果てまでたどりついたばかりの人類は、宗教的な表現物を作るほどのゆとりはまだもてなかったのだろう。狩《か》りをして食べるのにせいいっぱい。しかし新石器時代に入ると、日本列島はにわかに温まりはじめ、あっちからもこっちからも神さまのうぶ声が聞こえてくる。

時は縄文時代、人々は旧来の狩猟《しゅりょう》採集と新しい農耕に忙《いそが》しい毎日を送りながら、神々を祭るための聖なる場を整備し、神のための施設《しせつ》を建てはじめる。その信仰は、世界と同じように、地母信仰の母の上に太陽信仰の父が重なって生まれた子供のようなものだった。

まず地母信仰的要素の方から見てみよう。

たくさんのヴィーナス像が作られた。粘土《ねんど》を焼いて作った人形《ひとがた》で、〝土偶《どぐう》〟と呼ばれる。縄文時代は土器が世界一発達した時代であるとすでに述べたが、土偶の発達も世界一といってよく、今日の目でみても素晴《すば》らしい土偶が作られている。

たとえば、長野県の棚畑《たなばた》遺跡から出た例は〝縄文のヴィーナス〟と呼ばれ、最古の国宝に指定された（図24）。そのほか、仮面をつけた例や、ハート型の顔の例などさまざまな表情のヴィーナス像が全国各地で見つかっている。

興味深いのは縄文草創期の例で、乳房《ちぶさ》や腹部を強調しながら頭部を欠く。頭部を欠くのは、遠く離《はな》れた地中海マルタ島のヴィーナスと共通するし、マルタ島ではそのつど頭部を取り付けたことが取りつけ穴の存在から分かっている。

ヴィーナス像の用途《ようと》については諸説あるが、生と死を司《つかさ》どる地母信仰の地母神像であると考えるなら、まずは出産の時、安産を祈って母のかたわらに置かれたのではないか。マルタの神殿で述べたように、ヴィーナス像は出産のための産屋《うぶや》に祭られていたと考えられるが、今のところ土偶が置かれていた場や空間や建物についての発掘《はっくつ》成果は乏《とぼ》しい。しかし、もし近年まで各地で使われた産屋や出産専用の部屋から推《お》し計《はか》るなら、日常の

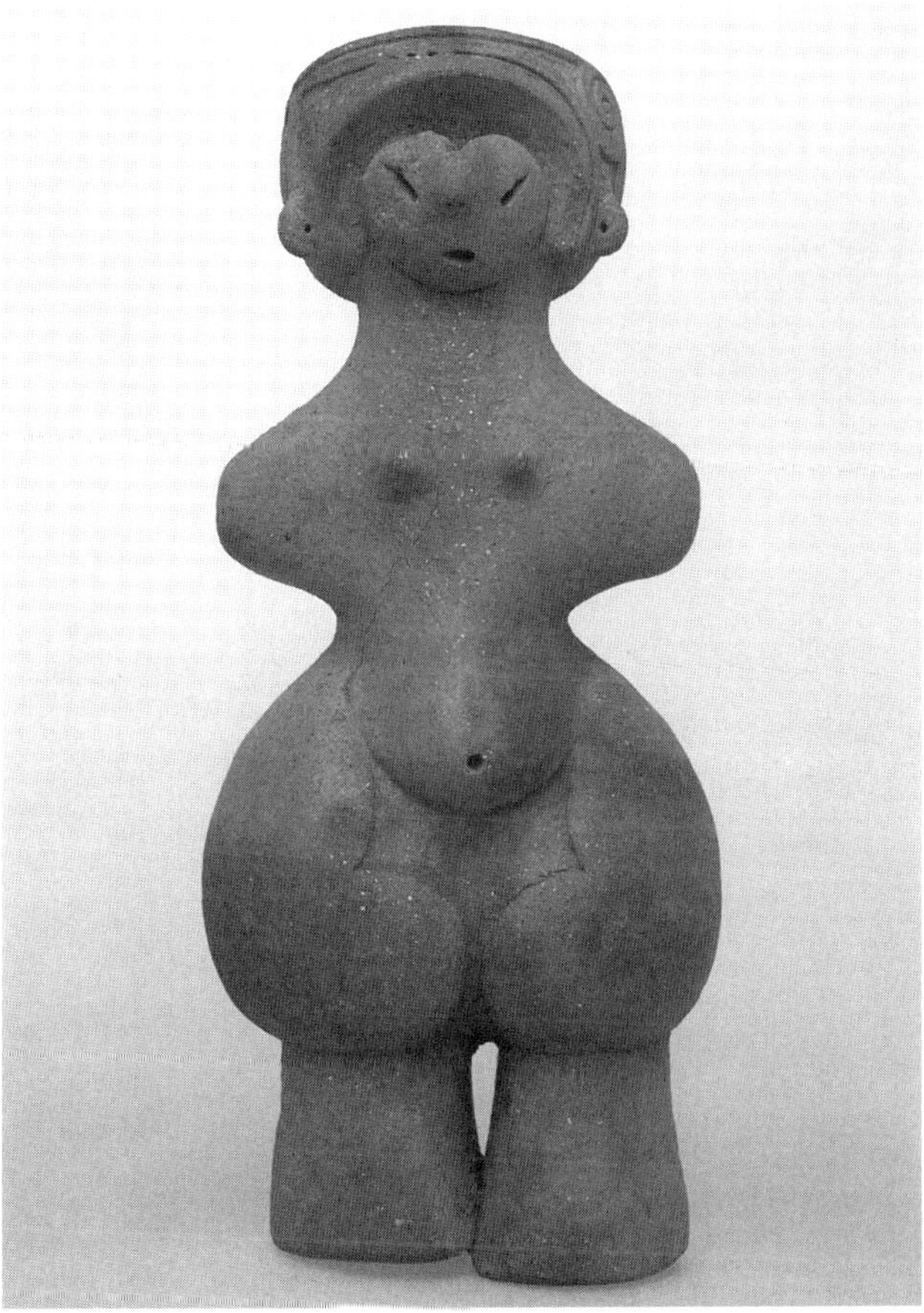

図24　土偶——“縄文のヴィーナス”(長野県茅野市棚畑遺跡　縄文・中期、『土器の造形——縄文の動・弥生の静』東京国立博物館)

場からは離れて建てられ、狭《せま》く暗いけれども床《ゆか》（地）面は掃《は》き清められている、そういうまるで胎内《たいない》のような空間ではなかったかと想像される。

太陽信仰の要素の方はどうだろう。地母信仰にくらべずっと遺跡も多く、さまざまなことが分かっている。ヨーロッパにおける太陽信仰の代表は巨石文化《きよせき》のスタンディング・ストーンだが、同じような石の柱が日本でも立てられていた。いくつか実例を訪ねてみよう。

まずは、一番有名な、歴史の教科書にもよく出てくる秋田県鹿角《かづの》市十和田大湯の野中堂遺跡のスタンディング・ストーンについて。太さ30cm、高さ80cmの石の柱が地面からスックと立ち上がり、周囲にはまるで時計の文字盤《もじばん》のように放射状に石が並べられている（図25）。直立する石は、あまりに縦長の形からして人の手で削《けず》り出《だ》されたのはまちがいない。柱の周囲に放射状に並べられた石は、小さなストーン・サークルとも見なせる。周囲には同じようなサークル付立柱が、大きさは小さいが、いくつもあり、それらは、大きいのを広場の中に囲むようにして直径42mの円形に連なっている。サークル付立柱がつらなって大きなサークルをなし、その中央部にまたサークル付立柱が立つ、そういう配置となる。

長野県茅野《ちの》市の阿久《あきゅう》遺跡は、外径120m、内径90mの巨大ドーナツ状に石が敷《し》きつめられ、中央の広場状空地の中心部には、石と木（柱の穴しか残っていないが）の立柱が立てられていた。

立柱は石だけではなく木の例も見つかっているし、並び方は直線の例もある。一番名高いのは青森県の三内丸山遺跡の六本のクリの巨木の立柱で、太さは1mもあり、三本ずつ二列に並んで立っていた（図26）。

こうした縄文時代の立柱は、新石器時代のヨーロッパの立柱と同じ性格の宗教施設と考えていい。

まず用途については、墓か神殿《しんでん》か日時計か、諸説あるが、そのように分けるのではなく、墓でもあり神殿でもあり日時計でもあった、と考えるのが正しい。すでにマルタの神殿のところで述べたように、王者の遺体《なきがら》を安置し（墓の性格）、事なく死の過程を終えて肉体（骨）から分離《ぶんり》した魂《たましい》を太陽の許《もと》へと発射する（神殿の性格）。太陽を神とする宗教施設だから立柱は太陽の動きを強く意識して立てられる（日時計の性格）。

大湯の野中堂遺跡の立柱と太陽の動きの関係については、研究がなされ、野中堂遺跡の大サークルに隣接《りんせつ》してセットで作られた万座遺跡の大サークルの中心を結んだ線が、冬至《とうじ》の日の出＝夏至《げし》の日没《にちぼつ》の方向ときれいに重なる。熱の一番弱くなった時の日の出を意識したのか、それとも一番強くなった時の日没を意識したのかはまだ分からないが、太陽に向けた宗教施設であることはまちがいない。

三内丸山遺跡においては、夏至の太陽が三本ずつ並ぶ二列の列柱のちょうど間から上り、冬至の太陽が間から沈《しず》む。ちなみにストーン・ヘンジは、夏至の日の出に向かって作られている。

ヨーロッパと日本の立柱は、巨大さという点でも共通する。ヨーロッパのスタンディング・ストーンやストーン・サークルは、中にいくつか巨大な石を使った例があることから（小さなものの方が数としては多い）〝巨石文化〟と呼ばれるが、日本の場合も、三

図25（上）野中堂遺跡のスタンディング・ストーン
（秋田県鹿角市大湯環状列石）

図26（下）三内丸山遺跡の大型掘立柱建物
（青森県青森市）

内丸山以外にも大きな木を立てた跡《あと》（柱穴）のある縄文遺跡がいくつか見つかっており、〝巨木文化〟があったことはまちがいない。

縄文人たちは、日の出日の入りのよく見える丘《おか》の上を選び、森を伐《き》り拓《ひら》き、地面をならし、踏《ふ》み固《かた》めて掃き清め、時には雑草など生えぬよう石を敷き並べ、そして中央に太陽の方位を意識して石や木の柱を立てた。王が亡《な》くなると、サークルの一画に殯屋《もがりや》を作って安置し、サークルの囲《まわ》りにはなきがらをねらう動物が近づけぬよう垣《かき》を巡《めぐ》らせ、さいわい事なく腐食《ふしょく》過程が終わると、洗骨し、骨は立柱の許に積み、魂を柱の先から太陽に向けて放った。

太古の森のただなかに、清められ囲まれたサークル状の場が画され、中央に柱が立つ。これが縄文時代の聖なる空間であり、ここで人々は、王の魂を神の許にとどけたり、神に願いごとをしたり恵《めぐ》みに感謝したり、神の言葉を聞いたりした。

ここから、日本の建築表現は出発する。

神社建築の誕生

引きつづく弥生時代、古墳時代そして天皇《てんのう》を中心とした国がはじめて生まれる時代に、神々のおわすところはどのような姿を見せるようになるんだろうか。

さいわい、日本の由緒《ゆいしょ》ある古い神社は、その頃《ころ》の様子を、変化はこうむりつつも今に伝えている。沖縄の御嶽《うたき》、信州の諏訪大社《すわたいしゃ》、奈良《なら》の春日大社若宮《かすがたいしゃわかみや》を訪《おとず》れてみよう。

沖縄では本土の神社に相当する聖なる場のことを御嶽というが、最大の斎場《せいふぁ》御嶽や、神の島として知られる久高島《くたかしま》の御嶽を訪れても何もないことに驚《おどろ》く。鳥居も垣も仕切りもむろん建物もなく、ただ森の奥《おく》にポッカリと空地があって、青空から陽《ひ》が差しこんでそこだけ明るい。祝女《のろ》と呼ばれる神に仕える女性が白衣に身をつつんで地面に座《すわ》り、神に祈ったり神の声を聞いたりする（図27）。

この森のなかにポッカリあいた明るい空間こそが、日本の神社の基本にちがいない。阿久遺跡の直径120mのサークルも、大湯野中堂遺跡の直径42mのサークルも、縄文の太古の森に開かれた場だった。掃き清められ、時には草が生えぬよう石を敷かれた何もない清浄《せいじょう》な場を前にすると、日本の人々は今でも、聖なるものを感ずる。

諏訪大社は御柱《おんばしら》と呼ばれる巨木を六年に一回立てることで知られる。上社、下社の二社からなり、さらに上社は前宮、本宮、下社は春宮、秋宮に分かれ、都合四社から諏訪大社はなるが、一社につき四本、計十六本もの巨木を立てる。大きいものは長さ20m、重さは7、8トン。諏訪の氏子《うじこ》たちは、この巨木を上社は八ヶ岳《やつがたけ》の中腹から、下社は霧《きり》ヶ峰《がみね》から伐り出し、野越《のこ》え山越え川越えて、六日間かけ、上社は20km、下社は10kmもの距離《きょり》を曳《ひ》いて敷地の四隅《よすみ》に立てる。太陽の位置との関係は見出《みいだ》されないけれど、その高さといいオベリスクのように尖《とが》った先端《せんたん》といい、ヨーロッパのスタンディング・ストーンと同じ起源とみてまちがいなく、縄文時代の巨木文化を今に伝える。

御柱は、私の考えが正しければ、あくまで発射台。諏訪の信仰では、神は樹《き》に寄りつくと考えられ、見晴らしのいい場所に生えている姿のいい桜、柳《やなぎ》、桧、橡《とちのき》、檀《まゆみ》、松が選ばれ〝湛《たたえ》の木〟と呼ばれ、その樹の下で祈りがささげられる。守矢家の当主が鉄鐸《てったく》を鳴

図27　久高島の御嶽

らして祈りをささげると、自然神のミシャグヂさまはスルスルと降りて来られるという。

神が自然の樹や岩に寄りつくという考え方は全国いたるところにあって、〝依代《よりしろ》〟（憑代）と呼ばれ、石の場合は岩座《いわくら》（磐座）という。

大湯遺跡の立石も諏訪の御柱も〝依代〟という解釈《かいしゃく》がしばしばなされるが、遠くから運んできて人為的《じんいてき》に加工して立てた石や柱を、自然のままにある樹や岩と同一視してはならない。見た目にちがうものは内容もちがい、内容のちがいはかならず表情に現われる。記録がなくて内容が分からないものを解釈する時は、見た目から入って中味を判断するのが学問の方法として正しい。

人為的な石と木の柱は、王者の魂を垂直に天に届ける発射台であり、太陽神に至る階段であり、一方、自然の樹と岩は、水平な自然界に宿るさまざまな地母神の一族が寄り集まってくる依り代なのである。

旧石器時代の地母信仰のうえに新石器時代の太陽信仰が重なっている、としばしば述べてきたが、諏訪信仰の例でいうと、湛の木は地母信仰を、御柱は太陽信仰を示している。

春日大社若宮は、観光客でにぎわう春日大社本殿から少し離れて奥まったところにあり若宮と呼ばれているが、春日大社が藤原《ふじわら》氏《し》の氏神《うじがみ》にされる以前の奈良地方の古い信仰の姿を今に伝え、そうとしか思えないほど神秘的な神事が年《とし》の瀬《せ》に行なわれる。日頃は三笠山《みかさやま》の森の奥にいます神さまを、人里近くまでお連れし、松の丸太を組み松の枝で葺いた仮の神殿（御旅所《おたびしょ》）に入ってもらい、その前の芝草の上で地元の人々が猿楽《さるがく》や田楽を舞《ま》い、飲食して一緒《いっしょ》に楽しい一日を過し、夜にはまた山へと送り届ける。

聖なるものを感じる……

一番心うたれるのは、深夜の闇《やみ》に包まれた春日大社の参道を神さまが通過する様子で、白衣をまとう大勢の神官たちが、おのおの頭上に榊《さかき》の枝をかかげ、すきのないよう身を寄せあい、オ〰〰、オ〰〰オ〰〰と声とも吐息《といき》ともつかない掛《か》け声《ごえ》を、低く長く森にし み渡《わた》らせながら通ってゆく。神さまは、榊の枝に乗って移動するのである。

選ばれた樹やその枝が神の依代となることの好例といえよう。

沖縄の御嶽も諏訪大社も春日大社若宮も、神がそこに座す本殿の建物というものを持っていない。春日若宮はしるしばかりの特別な作りの本殿を持つが、その事情は後に述べる。奈良地方最古と伝えられる三輪神社にも本殿はない。神さまを拝むための拝殿や神楽《かぐら》を献《けん》ずるための神楽殿などの付属建物があるばかり。神さまは三輪山の森の中にいて、そこに向かって人々は頭を下げ柏手《かしわで》をうつ。

神社建築スタイルの確立

建物は何もないのが日本の神社の原型だが、では、日本を代表する古社として知られる伊勢神宮や出雲大社や春日大社には、どうして本殿が立っているんだろう。伊勢神宮の〝唯一神明造り《ゆいいつしんめいづく》〟、出雲大社の〝大社造り〟、春日大社の〝春日造り〟の三つを、日本の神社建築スタイルの三大源流とするが、どのような事情でそのような建築スタイルが神社にもち込《こ》まれ、定型化したんだろうか。

まず伊勢から。伊勢の唯一神明造りは、屋根の茅《かや》以外はすべて桧《ひのき》の素木《しらき》（塗装《とそう》をしてないムクの木）で作られ、平入りで高床。屋根には枕《まくら》のような勝男木《かつおぎ》が載《の》り、千木《ちぎ》が角のように突《つ》き出《だ》す。何よりの特徴《とくちょう》は、棟木《むなぎ》（屋根のてっぺんの芯《しん》となる梁《はり》）を左右で支える二本の柱が壁《かべ》から独立して立っていることで、〝棟持柱《むなもちばしら》〟という（図28）。

木と草という自然の素材だけで作られ、簡素で明快で力強い姿は、日本の伝統的建築美の粋《すい》として桂離宮《かつらりきゅう》とならび、高く評価されている。

でも、この本殿（正殿と呼ばれる）には奇妙《きみょう》な点があって、高い床の下に外からは見えぬよう〝真御柱《しんのみはしら》〟と呼ばれる長さ1.5m、太さ12㎝ほどの桧の丸い柱が、上の建物の作りとは切れて、立っている。特別な神官をのぞいて見た者はないが、おそらく半分ほどは地中に埋《う》まってるだろう。

本殿の床下に一番大事な柱が立つのは奇妙で、おそらく元々は柱だけが立ち、後に建物が持ち込まれたにちがいない。

そう考えて建物を覗《のぞ》いてみると、光景はいたって簡単になる。まず、伊勢の太古の森の中に空地が広がり、森との境には三重の垣根が築かれ、中には宮川から運ばれた白い石がすき間なく敷きつめられ、中央に桧の柱が立つ。縄文時代のスタンディング・ストーンの立つ光景ときれいに重なるのである。

ではどうして、本殿の建物は持ち込まれたのか。一つの説がある。六世紀に派手な作りの仏教建築が入ってきた時、見た目で負けないよう、それまで天皇などの住いに用いられていた古墳時代の高床式住宅の形式を急きょ持ち込んで、真御柱の上に置いた。この説の当否はおくとして、伊勢の原型が縄文時代の聖なる空間までさかのぼることはまちがいない。

真御柱は地上の天皇と天上の太陽を一直線につなぐ装置にちがいない。天皇は太陽神の子孫と神話は伝えている。

出雲大社の本殿はどうだろう。特徴は建物のあまりの高さで、江戸時代に作られた現在のものでも床は地上4mに張られ、建物は24mにおよぶ。現在のビルの八階分。今の高さになる前は倍のおよそ48m（十六丈《じょう》）あったと記録され、そのあまりの高さに誇張《こちょう》との説もあったが、近年の発掘によって実に直径3mもの杉の柱（三本を帯鉄《おびがね》で束ねて一本にしたもの）が出土し、伝えは本当だったことが明らかになった。私はそれを見た時、卓球《たっきゅう》ができると思った。

では、伊勢と同じように床下に立柱は隠《かく》されていたんだろうか。発掘からは明らかにならないので現在の江戸時代の作りから推測してみよう。平面図を見ると、巨大な神殿は九本の柱で支えられていることが分かる（図29）。一見するとごくありふれた日本の木造建築の作りでしかないのだが、しかし中央の柱は伸《の》びて行った先で奇妙なことになっている。地面から高く伸び、床の高さにいたって床を支え、さらに床を貫《つらぬ》いて社殿の室中に立ち上がる。ここまではふつうの家の作りと同じ。そしてさらに天井裏《てんじょううら》に伸びたところで、奇妙になる。ふつうならそのまま伸びて屋根の上端の棟木を支えなければならないのに、途中で止まってしまっている。柱のくせに、屋根を支えるという肝心《かんじん》な働きをしていない。床から頭を出して室中を途中まで伸びたところでタケノコのように止まっている。構造上の柱ではなく何も支えない立柱。名前も特別で、磐根柱《いわねばしら》とか宇豆柱《うずばしら》と呼ばれる。伊勢の真御柱が長く長く伸びれば、出雲の磐根柱となる。

古《いにしえ》の大社の高さを48mとすれば、磐根柱は40mほど、高床は30数mにおよぶ。王の魂の発射台と考えればいくら高くてもかまわないが、それにしてもこの高さはどうして決めたんだろう。ポイントは床の30数mという高さにある。王者は生前、神殿に上ったにちがいないし、神に仕える神官は今と同じように毎日、食事を届けただろう。床から上は、地上とは別の、太陽と神々の領分に属する。

床は周囲の杉の森よりも高く、ということではなかったか。杉の樹高は30数mを限界とする。この高みから眺《なが》めれば、森の木々の梢《こずえ》が海の波のように広がる向こうから朝日は昇《のぼ》り、そして沈む。夏の雨上りには、森の上にかかる虹《にじ》を森の上から望むことができ

図28（左）伊勢神宮の"唯一神明造り"
図29（下）出雲大社の"大社造り"
（以上、『日本建築史図集』彰国社）

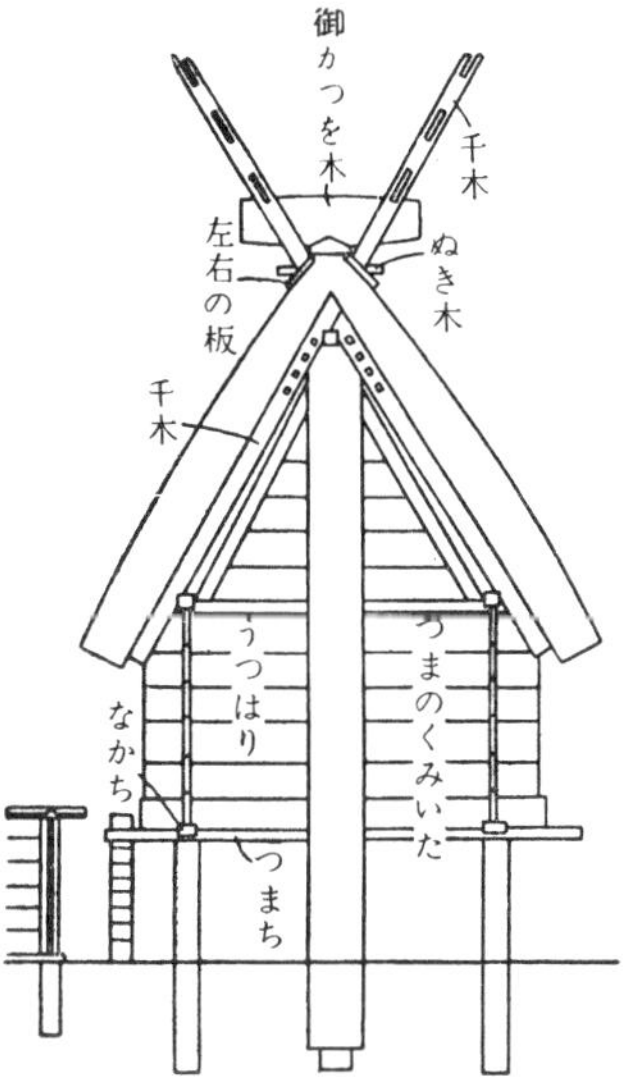

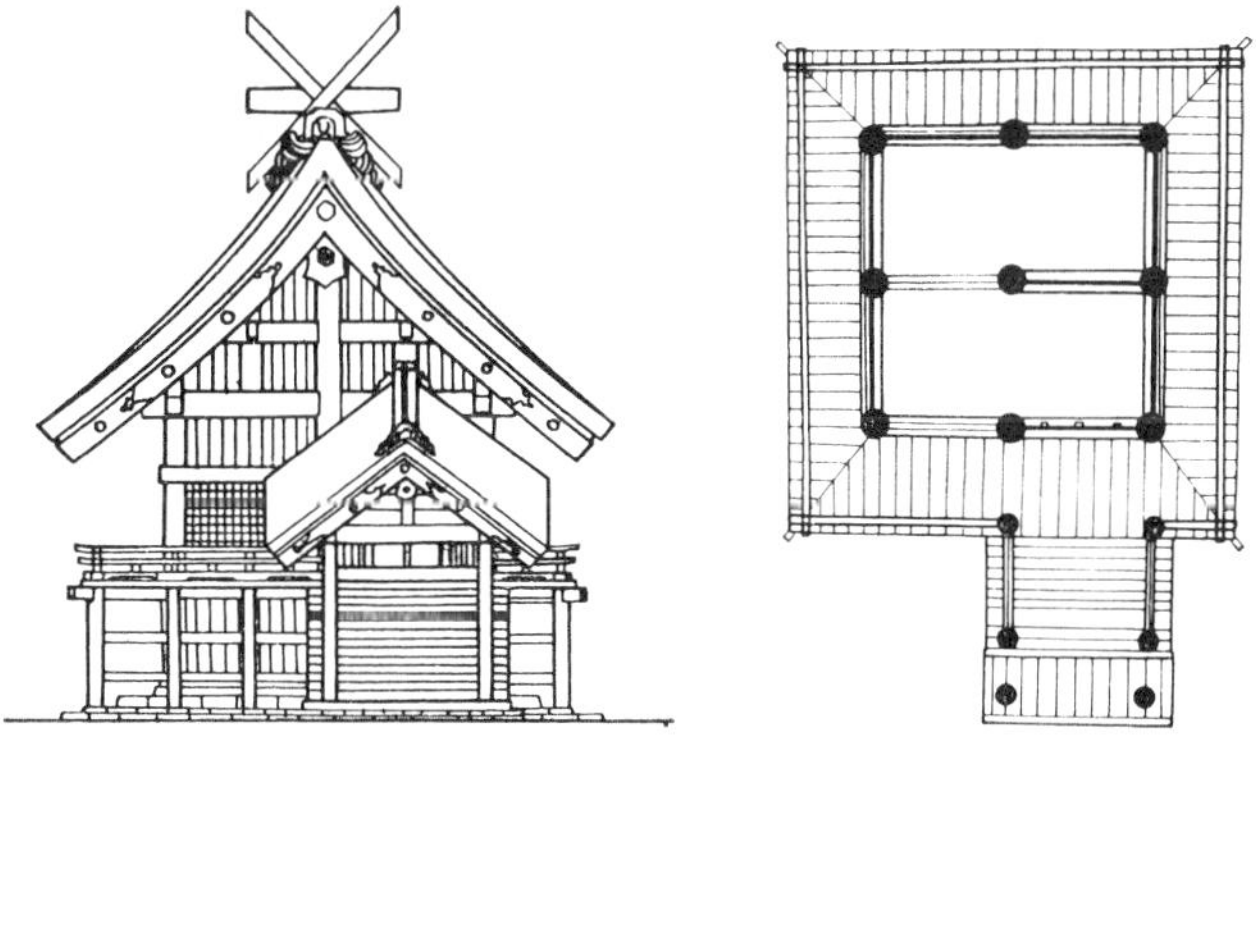

た。八百万《やおよろず》の地母神たちがうごめき循還《じゅんかん》する暗く湿《しめ》った森の上方に展開する太陽の世界。

伊勢と出雲の社殿は、立柱のカバーとして立柱よりも後に成立した建物なのである。

両社とならぶ由緒をもつ春日大社の社殿には立柱のカバーとしての性格はない。春日若宮御祭では、深夜の闇の中、神が榊の枝に乗って運ばれるが、どうも春日大社の社殿も神の乗り物として成立したらしい。

春日大社の本殿のスタイルを〝春日造り〟と呼び、伊勢、出雲をはじめとする他の神社の造りとまるでちがう。あまりに小さいのだ。現在残る一番古い例（円成寺春日堂《えんじょうじかすが》）では、巾2m、奥行3m、高さ4m。村の祠《ほこら》と変わらない。小さいのに加え、土台（建物の一番下に回る水平の材で、この材の上に柱が立つ）の作りが変わっていて、ふつう土台は四隅で切れるのに、春日造りの土台は四隅よりそうとう飛び出しているが、さらに長く飛び出させて見れば事態ははっきりする。長く伸びた土台に皆《みな》で手をかけ、小さな社殿を持ち上げて肩《かた》を入れれば、〝おみこし〟となる。おみこしとは、神さまを乗せ、村の中まで運ぶ乗り物だが、春日造りはおみこしが建築化した形式にほかならない。おそらく、春日大社では、古くは春日若宮のように榊の枝に乗せて運んでいたが、藤原氏の氏神になってからは〝おみこし〟に乗せるようになり、それが固定化したにちがいない。

以上、今に伝わる実例に照らすと、日本の神さまのおわす空間は、その住いは次のように成立したと考えられる。

① 村の近くに目立つ樹や岩があり、神々が寄り付いていた。依り代としての神木や岩座《いわくら》や榊の起源。

② 森の中に清浄な囲われた場があり、神々が集まってきた。御嶽《うたき》の起源。

③ 森の中の神をおみこしに乗せて、村まで運ぶ。春日造りの起源。

④ 森の中の清浄な囲いのなかに柱が立っていた。その柱は高いものもあれば低いものもあるが、いずれも自然の石や樹ではなく、人工的に形を整えた石か木の柱であった。縄文の立柱、諏訪大社御柱の起源。

⑤ ③の立柱にカバーとして神殿が作られた。伊勢神宮、出雲大社の起源。

地母信仰と太陽信仰に分けるなら、①②③は地母信仰の名残《なご》りを今に伝え、④⑤はその上に太陽信仰が重なって成立し、今にいたる。

地母信仰は二百五十万年ほど前からの旧石器時代に根を持ち、太陽信仰は一万年ほど前の新石器時代にはじまることを思うと、日本の神社が今日まで守り伝えてきたもののあまりの古さに驚く。樹や石に精霊《せいれい》が宿ることを認めたり、御柱や磐根柱のような巨木を立てたりと、世界のいわゆる文明国のなかでは異例といわざるをえない。どうしてこのようなことになったのか。

いうまでもなく、世界のどこの国もどの民族も、元をたどると日本と同じように自然の中の精霊を信じ、太陽をあがめていた。自然信仰である。古代のエジプトもギリシャや初期のローマ帝国も、古代中国も、インカやマヤもそうだった。ところが、自然界の神を一切認めない宗教が紀元前五世紀頃に登場する。インドではヒンズー教から出た仏教が、中国では儒教《じゆきよう》が、さらに紀元一世紀には、ユダヤ教をルーツとするキリスト教が成立して、自然神を邪悪《じやあく》なものの不合理なものとして否定した。やがて七世紀にキリスト教からイスラム教が生まれることを考えると、現在の世界の四大宗教といわれる仏教、儒教、キリスト教、イスラム教は例外なく自然信仰を否定することで成立したことが分かる。四大宗教は、自然に宿る神々の代りに〝言葉〟を置いた。シャカの仏典、孔子《こうし》の論語、キリストの聖書、マホメットのコーラン。

そして、地球のいたるところに息づいていた地母神たちと、彼らのエネルギー源となっていた太陽神は、言葉の前に破れ、邪《よこしま》なものとして追放されてゆく。

追放の過程をキリスト教に見てみよう。たとえばヨーロッパでは十一、二世紀に、ロマネスク様式のキリスト教会が作られている。三世紀のローマ帝国下でキリスト教が許されてそこそこ広まったものの、四世紀になるとゲルマン民族の大移動によってローマ帝国は亡び、キリスト教は地中海沿岸地域に封《ふう》じ込《こ》められて、衰退《すいたい》する。しかしやがて、ゲルマン民族が自然信仰を捨てキリスト教に転じ、最初の千年紀である十一世紀に入ると、ヨーロッパ全域で一大教会建設運動が起こる。こうして生まれたのがロマネスク教会だが、奇怪《きかい》な図像がたくさん彫《ほ》り込《こ》まれていることで知られる（図30）。

これまで私が訪れて採集したものだけから選んでも、例えば、北の果てノルウェーのロマネスク教会では、からみ合う蔓草《つるくさ》が途中から蛇《へび》のような動物の体に変わり犬のような頭となって終わる。イタリアでは、鳥が上からケモノにのしかかってツメを立て首筋をつつき、下からはハイエナのようなケモノが鳥の尾をかむ。ウロコが生えたりクチバシを持つケモノはありふれている。フランスでは、アダムとイヴのレリーフのアダムの口からガマガエルが飛び出し、イヴの乳房が伸びて背中を回って後から下腹部に入り込んでいた。先端はおそらく蛇の頭となっているんだろう。イタリアでは、女性像が立《た》て膝《ひざ》のポーズをとり、後ろから回した両手で性器を広げて見せていた。

こうした奇怪な動物や人物の姿に対し、現在のキリスト教図像学は、悪魔《あくま》の姿とか、悪の象徴と解釈してすますが、そうではなく、おそらく民衆の間に深く根ざした地母信仰の図像が、消しがたくキリスト教会の中に残ってしまったにちがいない。地母信仰は、自然界の恵みの豊かさと、人間の多産、安産、繁栄《はんえい》を祈る生命の信仰にちがいなく、聖書の言葉がいくら頭の中で否定しても、そうやすやすとは心の中から消え去らない。キ

図30　ロマネスク教会の奇怪な図像群

リスト教が公式に認めているマリア信仰（神の子キリストを出産したとはいえふつうの人間であるマリアを信仰するのは原理的にはおかしい）は、その背後には地母信仰があるにちがいない。

十二、三世紀のロマネスク教会のなかでは目立つ柱の上などに生き残った怪獣たちも、次の十四、五世紀のゴシック様式の教会になると、人目につかない屋根の上や軒《のき》の先で人知れず生息するしかなかった。そして十六世紀のルネッサンスになると絶滅《ぜつめつ》する。

日本では今でも、蛇を神として扱《あつか》う神社はいくらもあるし、男と女の性器の形をした石や木を御神体とする神社もよく知られている。人類の最も古い信仰である地母信仰とそれに重なる太陽信仰が、神社という形をとり、六世紀の仏教導入にも十九世紀の近代化にも負けず、からくも二十一世紀まで生き残ったのである。大切にしたい。

第五章　青銅器時代から産業革命まで

国ごとに異なる古代建築

マンモスを追っかけていた頃《ころ》にはじまり稲《いね》や麦の栽培《さいばい》を覚えた頃までの、旧石器時代、新石器時代（縄文《じょうもん》時代）、青銅器時代の入口あたりまでの住いと建築について述べてきた。人類の建築作りの第一歩である。

二歩、三歩……と続けようと思うのだが、むずかしい。最初の一歩は、円形平面の住いとかスタンディング・ストーンとか、地母《じぼ》信仰《しんこう》と太陽信仰とか、地球上どこでも同じ内容だったが、二歩目からは場所によって異なりはじめ、世界を一つのものとして扱《あつか》うことができなくなる。共通性が見出《みいだ》せないのである。

新石器時代が終り青銅器時代がはじまると、世界各地に大小さまざまな国家が成立するようになり、なかでもナイル川、チグリス・ユーフラテス川、インダス川、黄河《こうが》の四つの大河の流域には、青銅器という新技術と、文字と、灌漑《かんがい》による大規模農業に支えられた大きな国家が出現する。エジプトとメソポタミアとインドと中国の四大文明で、これが二歩目にあたる。

ところが、四大文明の建物にはこれといった共通性は見当らない。青銅器、文字、大規模農業は共通しているが、そうした力によって得た富を投じて建物を作る時、政治のあり方や宗教や入手しやすい材料がそれぞれ異なり、建物はちがってしまう。基本的性格は共通する四大文明でもそうなのだから、他の中小の国の文化はなおさらで、政治、経済、宗教、気候風土、材料、技術の差によって、異なったさまざまな建物が作られるようになり、まとめて一つに扱うことはできない。

例えば新石器時代の太陽信仰が青銅器時代以後、どう建築として表現されるかを古代エジプト、古代ギリシャ、古代日本、マヤに見てみよう。

古代エジプトでは、太陽信仰のあかしとしてオベリスクとピラミッドが作られている。

オベリスクは、黄金に輝《かがや》くよう考えられた茶褐色《ちゃかっしょく》の石の四角柱で、上部に行くに従って細くなり、頂部はピラミッド状に尖《と》がる。形状からしてスタンディング・ストーンに由来するが、王の魂《たましい》を太陽の許《もと》へと送る発射台としては使われず、太陽神が大地を生んだその地点を示すしるしとして作られている。

王の魂を太陽に届ける働きをするのはピラミッドの方である。最初の頃のピラミッドは段々になっており階段ピラミッドと呼ばれるが、これは、王の魂がピラミッドの階段を踏《ふ》んで天に登るようにとの計らいだった。階段ピラミッドはやがてよく知られる四角錘《しかくすい》のピラミッドへと変化する。この新しいピラミッドの頂上には、かつて金箔《きんぱく》が貼《は》られたことが調査によって明らかになっている。金箔頂部は太陽の光をキラキラ反射することから太陽の〝出張所〟と考えられ、土の魂は、金箔の輝《かがや》きに導びかれてピラミッドの頂上にいたり、さらに太陽の許へと発射される。この時、王の魂は、〝太陽の舟《ふね》〟と呼ばれる舟に乗って地上から天へと向かうとされ、ピラミッドの脇《わき》からは大きな太陽の舟が発掘《はっくつ》されている。

太陽を目ざして高く伸《の》びる新石器時代のスタンディング・ストーンは、次の青銅器時代に入ってピラミッドへと進化したのである。スタンディング・ストーンは高さだけがテーマで、その高さを支える下部の形については無関心だったが、青銅器時代にいたり、四角錘という高さを支える形を得て完成形に到達《とうたつ》した。

スタンディング・ストーンによって建築の外観というものが発生したと述べた。建築の外観の第一歩は高さであるとも述べたが、ピラミッドによってはじめて建築は高さだけでなく外観全体を得ることができた。

このことは人類の建築の歩みのうえでは決定的で、現在、建築史の本のほとんどはピラミッドから始める。現代をリードする世界の建築家にもピラミッドは特別な存在で、いくつものピラミッドに想を得た作品、たとえばルーブル美術館新館のような建築が産み出されている。

古代ギリシャはどうか。エジプトにつづいてギリシャがヨーロッパの歴史をリードするが、地中海の対岸のピラミッドにもオベリスクにも興味を示さない。ギリシャにもも

たいがいの建築史はピラミッドから

ちろん太陽神アポロンはいるが、しかし最高の神ではなく、最高神ゼウスの下位にあって地母神アテナなどと同等に扱われていた。古代ギリシャでは祭られる神の格によって神殿《しんでん》のスタイルが変わることはなく、ゼウスもアポロンもアテナもいわゆるギリシャ神殿のスタイルで作られている。

日本はどうか。古代の日本でも太陽神は天照大神《あまてらすおおみかみ》と呼ばれて至高の神として扱われ、天皇家《てんのうけ》はその子孫ということになっている。ふつう太陽神は男性で地母神は女性だが、なぜか天照大神は女神である。すでに詳《くわ》しくのべたように、天照大神の祭られる伊勢神宮は立柱の上に家をかぶせるという不思議な作りをしていて、発射台としての立柱は隠《かく》れてしまっている。正殿の中には銅鏡（青銅製の円形の鏡）が飾《かざ》られているというが、鏡は太陽光を反射することから古代日本では太陽のシンボルとされた。

メキシコにはマヤとアステカという古代的文明が栄えていた。マヤは紀元前一世紀〜十世紀、アステカは十四世紀〜十六世紀と時期は新しいけれど、文明発達史的には古くて、道具は新石器段階にとどまったまま、暦《こよみ》や農耕や石の加工技術や芸術表現を発達させている。その結果、新石器時代の太陽信仰は異常なまでの盛り上がりをみせ、階段状のピラミッドと特異な祭壇《さいだん》建築を生んでいる。ピラミッドは王の墳墓《ふんぼ》であり、エジプトのピラミッドと役割は同じと考えられる。

マヤとアステカ文明の太陽信仰の特徴《とくちょう》は太陽への犠牲《いけにえ》で、冬至《とうじ》の日には、衰《おとろ》えた太陽の力の復活を願い、祭壇の上で生きた人間の心臓を取り出してささげている。旧石器時代の後期に氷河の〝橋〟を渡《わた》ってベーリング海峡《かいきょう》を越《こ》え、アメリカ大陸に入った人類が太陽信仰を極限まで発達させた結果であった。

同じ太陽信仰として始まった神殿も、青銅器時代以後はその地その国の政治や宗教や技術によってバラバラに発達していったことが分かるだろう。世界を一緒《いっしょ》に扱うことはできなくなる。

四大宗教時代の建築

二歩目を踏みだした青銅器時代に四大文明が生まれ、さらに紀元前五世紀以後、仏教、儒教《じゅきょう》、キリスト教、イスラム教が出て、四大宗教となる。三歩目の四大宗教の時代になると、ますます世界の建築に共通性は乏《とぼ》しくなる。

古い昔より、人類にとって建築といえばまずは宗教建築をさし、持てる富と技術と想像力を宗教建築に注いできた。その宗教建築のあり方を決める肝心《かんじん》の宗教が、世界規模で四つに分かれ、戦争を繰《く》り返《かえ》すようになるのだから、一つのものとして語るのは不可能となる。

各文明、各宗教ごとの建築の歴史あるのみなのだが、キリスト教と仏教の建築について二つの話を紹介《しょうかい》したい。

まずキリスト教の教会建築の発生について。現在のイスラエルの地に生まれたキリスト教は、当初、ローマ帝国下《ていこくか》で禁じられ、教会らしい教会はもてず、カタコンベとよばれる地下の納骨堂や信徒の住いの奥《おく》でひそかに祈《いの》られていたが、三一三年にローマ皇帝によって許され、イタリア半島はじめ地中海沿岸さらにアルプスの北まで広まってゆく。

その時、最初の教会として二つの形式が生まれる。一つは集中式と呼ばれる円形もしくは多角形のもので、起源は初期のキリスト教が最も重視した儀礼《ぎれい》である〝洗礼〟の時に水場の上にかけられていたテントだという。そして集中式の円形平面の上には神のまします天上界を示すドームが載《の》せられた。

もう一つはバシリカ式と呼ばれ、長方形をとる。ローマ帝国で集会や市場に使われていたバシリカを、キリスト教会に転用したもので、転用にあたり、横長に使っていたバシリカを、縦長に改め、入口から入って廊下《ろうか》のような堂内を進むと突《つ》き当《あた》りに祭壇が現われる（図31）。

集中式とバシリカ式の二つのうち、縦長のバシリカ式が主流となり、今日のキリスト教会につながる。しかし、集中式の要素も全く消えたわけではなく、ロシア正教では今も集中式をとるし、カトリック、プロテスタントの大きなバシリカ式に載るドームは、神のまします集中式ドームの名残《なご》りにほかならない。

キリスト教に集中式とバシリカ式の別があるように、仏教には縦長と横長の問題がある。日本はじめ東アジアの寺を見なれた目には、熱心な仏教国タイの寺院を訪《おとず》れると、寺が金ピカであることに驚《おどろ》くが、建築の専門家は寺の平面がキリスト教会と同じ縦長であることにたまげる。かつて、安土桃山《あづちももやま》時代、日本とアジアのキリスト教布教の責任者であったヴァリニアーノは、寺の平面を〝横長は悪魔の形式〟と呼び、日本のキリスト教会は、障子《しょうじ》や畳《たたみ》を使ってもいいし、男女別席も許すが、平面だけは神の形式である縦長にすべし、と決めて条文化しているが、タイでは仏教寺院もキリスト教の神の形式をとっているのである。

仏教建築の生まれた頃のインドでは、仏堂は正方形が基本であった。ところが、仏堂の前に、仏を拝むための礼拝堂などがしだいに作られるようになり、建物は縦長化してゆく。入口から奥に進むに従ってより神聖感が増すというのは当然で、縦長こそが宗教建築にふさわしく、インドからタイにかけての縦長平面こそがふつうといえるのだが、ではどうしてわれわれの見慣れているお寺は横長になってしまったのか。中国でも韓国、ベトナムでも最初期から寺は横長と決まっている。

紀元一世紀、インドから砂漠《さばく》地帯を通って中国の北部に仏教が入り、やがて朝鮮《ちょうせん》半島を経て、六世紀に日本まで伝わってきた頃、寺院を構成する主要な建物は仏の遺骨（仏舎利）を納める仏塔《ぶっとう》と、仏像を祭る金堂と、教室としての講堂の三つであった。早い時期ほど仏塔が重視され、時代が進むにつれ金堂と講堂が重視されるようになる。問題は金堂と講堂で、仏塔より面積はずっと広いし、仏塔とちがい内部を人が使う。金堂では仏像の前で経《きょう》をあげ、礼拝し、講堂では僧《そう》の学生《がくしょう》を前に仏教の授業がなされる。

日本の初期の寺院を見ると、講堂は大きく横長に広がり、金堂も講堂ほどではないにしても最初の寺として知られる飛鳥寺《あすかでら》はじめ四天王寺《してんのうじ》も法隆寺《ほうりゅうじ》も川原寺も横長をとる（図32）。

神社はというと、伊勢《いせ》は横長、出雲《いずも》は正方形、春日造《かすがづくり》は縦長。規則性はないが、その後、横長が増え定着している。

仏教寺院の中核をなす金堂の横長化は、日本上陸後さらに進み、唐招提寺《とうしょうだいじ》、薬師寺《やくしじ》、興福寺、東大寺と、奈良の都を飾った大寺にいたり、現在われわれが寺といえば思《おも》い浮《う》かべる正面向かって横長の平面プロポーションが完成する。

こうした現象は、大陸も同じで、中国でも韓国でも寺院の横長化は進んでいる。

住宅系はどうだろう。縄文、弥生《やよい》、古墳時代の住宅は、縦長、横長さまざまで一定しないが、古墳時代の埴輪《はにわ》家屋は横長の例の方がずっと多いし、以後、時代が進むにつれ、宮殿から普通《ふつう》の住宅まで、住いは横長に行きついて今日にいたる。

東アジアでは、宗教建築も住いも、時代が進むにしたがい、着実に横長化が進行するのである。東南アジアのうちベトナムの寺院が横長なのは中国の影響と見てよいだろう。キリスト教もインドからタイまでの仏教も、集中式（正方形、多角形、円形）か縦長（バシリカ式）かのどちらかなのである。

なのに、東アジアの宗教建築は横長を好む。

どうしてだろう。こう書きながら考えた。東アジアは北半球の中緯度《ちゅういど》以北に位置し、冬の寒さは厳しく、建物というものは南に向って横長が気候的に好まれるからではないか。一方、キリスト教会も仏教も、地中海沿岸や中近東やインドといった温かい地域で始まっており、方位など構わず作ってもよかったからではないか。天に向かっての意識

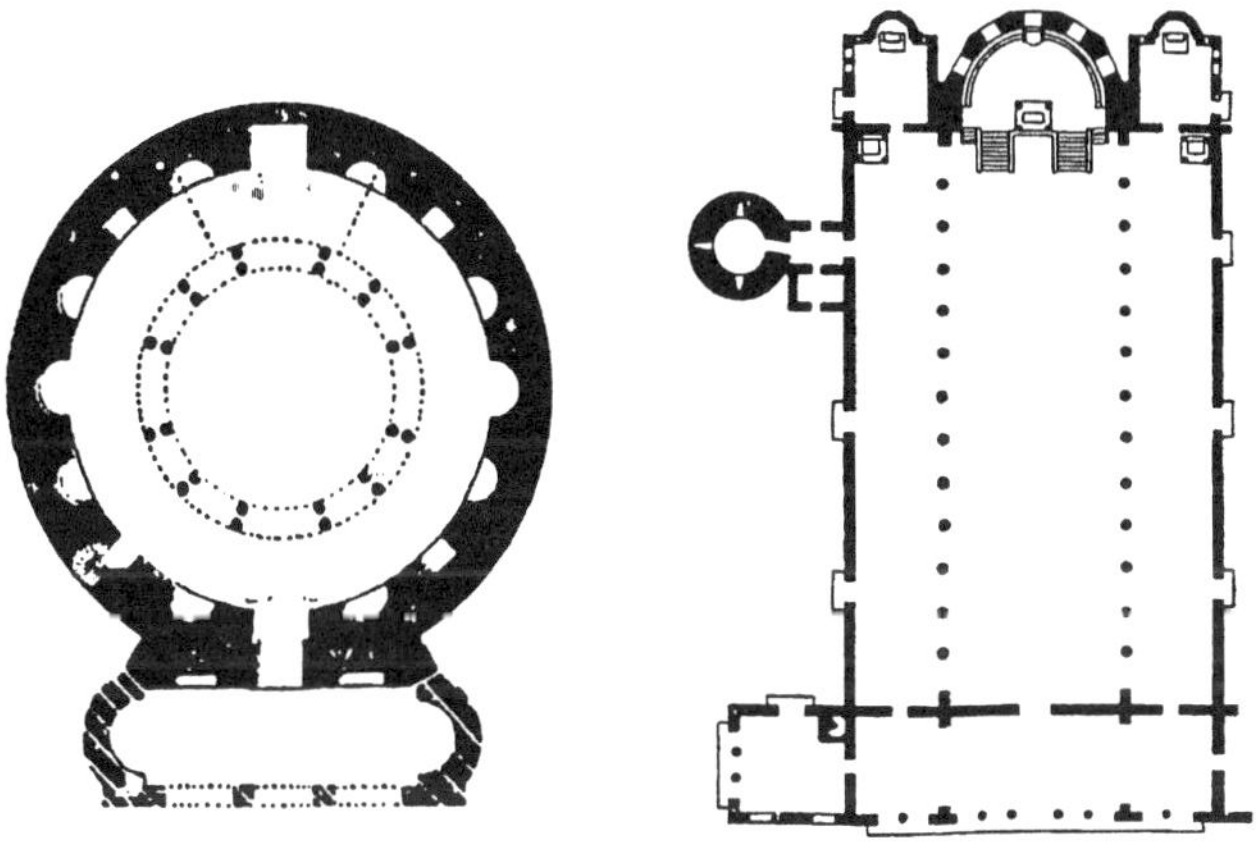

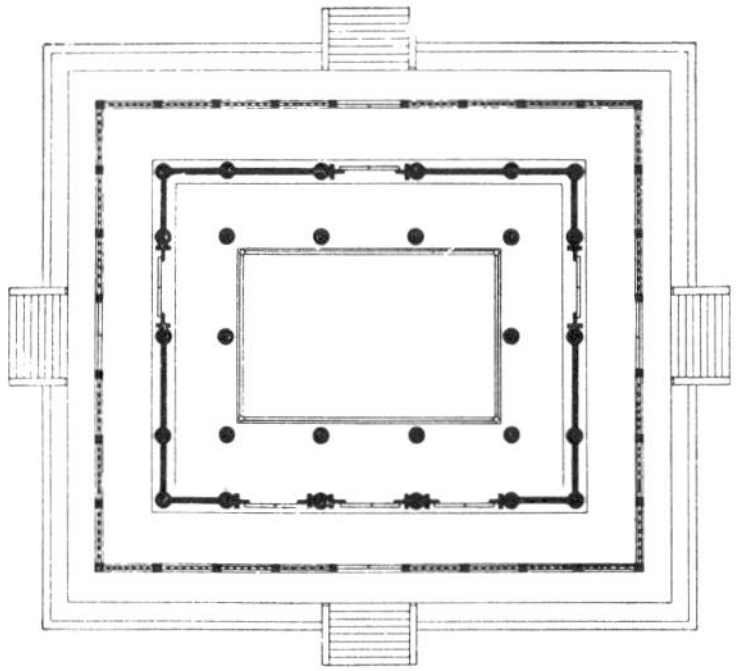

図31（上）　キリスト教の最初の教会形式――（左）集中式と（右）バシリカ式（『世界建築全集7』平凡社）
図32（下）　法隆寺の金堂（『日本建築史図集』彰国社）

を強調するなら集中式になるし、奥に行くに従って大事なものがあるというなら縦長がふさわしい。

でも、こう改めて考えてみると、アルプス以北のフランス、ドイツ、イギリスなどのヨーロッパは東アジア以上に北に位置し、冬は寒いのに、どうして南に向かって横長を取らなかったのか。

地中海沿岸で始まったキリスト教のバシリカ式は北のヨーロッパでも縦長を貫《つらぬ》いたのに、インドで始まった仏教の縦長は、東アジアに入るとしだいに横長に変わってしまう。この差は何なのか。キリスト教は教会の形式にこだわるが、仏教はそうでもなかったのか。

ちなみにイスラム教と儒教についてみると、イスラム教は正方型を基本とし、儒教は横長である。

今の段階では、私自身、どう結論づけたものか迷っている。

さて、建築の歴史は四大宗教の時代に入って三歩目を踏むのだが、事態はますます複雑化するばかり。平面の縦と横問題一つでこうだから、装飾《そうしょく》、技術、材料などなど、建築を決める諸条件を考えると、とても世界の建築を一つの原理で通して語ることはできない。

世界の建築は、二歩、三歩と歩を進め、地域ごとさまざまに独自の方向を深め、それぞれの成果を産み、多様に豊かに花開いてゆく。

大航海時代から始まる変化

〝建築の神さま〟がいるとしたら、このままの勢いで歴史は突き進んで多様性を極《きわ》めると思い、ほほえんだかもしれないがそうはいかなかった。

ヨーロッパにとってはさいわいな、非ヨーロッパにとっては苛《か》烈《れつ》な四歩目が踏み出される。

十五世紀、大航海時代が始まる。ヨーロッパ諸国は、スペインとポルトガルを先頭に、ヨーロッパには欠ける豊かな農産物や金や銀や、やがて奴《ど》隷《れい》まで求め、アジアへ、アメリカ大陸へ、アフリカ大陸へと進出し、ごく一部の国をのぞいて植民地化してしまう。

こうして得た富により、ヨーロッパはゴシックの時代を終え、ルネッサンスの時代を迎《むか》え、さらに、バロックの時代へと突き進む。ルネッサンス（再生の意）建築は、文字通り古代のギリシャとローマのスタイルを手本としたもので、バロックはそれにダイナミックな表現を加えた。

ルネッサンス以後のヨーロッパの建築は、それまでとは違《ちが》った、世界的にみれば特殊《とくしゅ》な性格を持つ。すでに亡《ほろ》びた過去の建築スタイルを発掘し、その古い皮袋に自分たちの時代の酒を容《い》れて、新しい味を出そうというもの。ギリシャ、ローマにはじまりやがてロマネスク、ゴシックまで再生の対象《たいしょう》となる。こうした過去の様式を手本とするやり方を歴史主義という。

ヨーロッパ諸国が進出して行った先では、それまで花開いていた独自の建築文化は亡ぼされ、ギリシャ・ローマをはじめとする歴史主義の建築が繁殖《はんしょく》しはじめる。悲惨《ひさん》なのはアフリカとアメリカ大陸で、独自なものは、マヤやインカ帝国の建築を含《ふく》め、皆滅亡《ほろび》た。さいわい、ユーラシア大陸はこの段階ではまだ大丈夫《だいじょうぶ》であった。先にのべた〝横長は悪魔の形式〟と決めつけたポルトガル人のヴァリニアーノは、インドから日本までのキリスト教布教の責任者にほかならない。当時のキリスト教宣教師は、ヨーロッパ諸国が到達した先を植民地化するための先兵の役割を果たしていた。それを知って、秀吉《ひでよし》と家康《いえやす》は、信長《のぶなが》が好んだ宣教師たちを追放し、鎖国《さこく》体制へと入るのである。

この苛酷《かこく》な四歩目をさらに先へと進んだのが次の五歩目にほかならない。大航海時代には独立を守っていたアジアの国もついにヨーロッパに飲《の》み込《こ》まれる。

十八世紀後半にはじまる産業革命が五歩目となる。産業革命によって今日までつづく工業化、産業化、科学技術の時代がはじまり、産業革命の母国となったイギリスは七つの海を支配し、ヨーロッパ列強はイギリスにつづいて農産物、鉱産物の原材料を求め、同時に工業製品の市場（売り先）を求め、アジア、アフリカ、アメリカ、オーストラリアを押《お》さえる。インドも中近東も東南アジアも中国も、ユーラシア大陸の全域が列強の植民地へと転ずる。

例外的に、日本はあやうく植民地化をまぬがれるが、理由としては、地球を西に回っても東に回っても、ヨーロッパから一番遠隔《えんかく》の地であったという地理的なことが一つ、もう一つは鎖国中の江戸時代に政治も経済も文化も技術も充実《じゅうじつ》をみせ、産業革命前夜に近い状態にまで達していたことがある。欧米《おうべい》列強（アメリカは十八世紀にイギリス植民地から脱《だつ》して独立し、列強の一つに入っていた）の圧力に対しすみやかに開国し、新たに成立した明治政府が積極的に新しい科学技術と工業力を受け入れ、自らも列強の仲間入りを果たした。

この時代、建築においては、産業革命の成果として建築用の鉄とガラスとコンクリートがもたらされる。しかし、そうした新しい材料と技術は、建築においては表立って使われることはなく、見えないところで縁《えん》の下《した》の力持ち的に取り込まれ、建築の表現は、ルネッサンス以後の歴史主義が主流を占《し》める。植民地化した地域も同じで、世界の建築はヨーロッパ歴史主義一色に染め上げられたのである。日本の明治・大正の西洋館もその一つとして生まれた。

四歩目の大航海時代にはじまり五歩目の産業革命の時代によって、それまでを特徴づける世界の多様な豊かさは消え、ヨーロッパ建築一色に収束した。

建築の神さまがいるとしたら、おそらく悲しんだにちがいない。一色では面白《おもしろ》くないし、その一色も、ギリシャ・ローマ、ロマネスク、ゴシックはむろん、ルネッサンスやバロックまで含む昔のスタイルの再生版なのである。頭にネオとか尻《しり》にリヴァイヴァルをつけ、ネオ・ゴシックとかネオ・バロックとか、グリーク・リヴァイヴァルとか呼ばれ、一見すると多様ではあるが、ヨーロッパの過去のみという点では一色でしかない。

この五歩目を歩みぬいた果てに、おそらく建築の神さまも予想できなかったような不思議な現象が起こる。ヨーロッパ歴史主義が突如《とつじょ》世界中から消えてしまった。

それが、次章に登場する二十世紀の現代建築で、六歩目となる。

第六章　二十世紀モダニズム

歴史主義建築はなぜ消えたか

現在、世界のどの都市に出かけても、似たようなビルや集合住宅が立ち並んでいる。パリでもローマでもエジプトでも東京でも北京《ペキン》でもメキシコシティでも変わらない。鉄とガラスとコンクリートで作られた四角な箱に大きなガラスのはまった建物ばかり。

十九世紀の世界はヨーロッパの歴史主義建築一色に染め上げられたというのに、二十世紀に入ってのこの変化はいったいどうしたというんだろう。ゴシック・リヴァイヴァルやネオ・バロックなどの手の込《こ》んだスタイルで飾《かざ》られた建物はどこに消えてしまったんだろう。どうして作られなくなってしまったのか。

その謎《なぞ》について考えてみたい。

歴史主義から離《はな》れる動きが、どういう順で進行していったのか、理由は諸説あるにしても、その具体的な過程ははっきりしている。

十九世紀の末に新しい動きが起こった。アール・ヌーヴォーのデザインである。歴史主義は、やれイオニア式の柱飾りとか、ゴシックの尖頭《せんとう》アーチとか、ローマ風の三角破《は》風《ふ》とか、ことこまかに分節されて定形化したルールに従い、その枠内《わくない》で個別なデザインがなされていたが、アール・ヌーヴォーはこの枠を破り、分節化をやめ、壁面《へきめん》を一つの伸《の》びやかな面として扱《あつか》い、そこに取りつく装飾《そうしょく》もデザイナーの筆の勢いにまかせた。その結果、壁面は、平坦《へいたん》な面に加えて自由にカーブする例も現れ、装飾は、うねるような曲線やからみあう自由な線が前面に踊《おど》り出《で》た。アール・ヌーヴォーの強い装飾性は、それまでの歴史主義と似て見えるが、装飾の背後の面と立体の扱いに歴史主義から脱出《だっしゅつ》する新しさがあった。

装飾のテーマには方向性があり、百合《ゆり》のような花や繁茂《はんも》する蔓草《つるくさ》や、時には女性の姿が取り込まれ、官能的な印象を与《あた》えずにおかない。花や蔓や女だけにとどまらず、代表作として知られるウィーンのセセッション館には、オリーブと女に加え、女の頭部には蛇《へび》がからみ、脇《わき》からはトカゲがうかがい、下には亀《かめ》がはう（図33）。バルセロナのガウディのサグラダファミリア教会の壁面には、大トカゲとワニがはい、正面中央の柱は玉をくわえた蛇体《じゃたい》の上から、左右の柱は大亀の甲《こう》の上から、立ち上がっている。蛇、トカゲ、亀、ワニ。歴史主義には先例のない奇妙《きみょう》な装飾動物にちがいない。それも官能的な花や蔓草と組になって。

十九世紀の末に現われたアール・ヌーヴォーを突破口《とっぱこう》として、二十世紀に入ると、ヨーロッパ各国でさまざまな新しいデザイン運動がまき起こる。ドイツの表現派、ドイツ工作連盟《れんめい》、イタリアの未来派、ロシアの構成主義、オランダのデ・スティル、チェコのキュビズムなどなど。日本も影響《えいきょう》を受け、分離派《ぶんりは》（一九二〇、堀口捨巳《ほりぐちすてみ》他）やマヴォ（一九二三、村山知義《むらやまともよし》他）やバラック装飾社（一九二三、今和次郎《こんわじろう》他）が青年たちによって結成されている。

アール・ヌーヴォーを皮切りに、ヨーロッパを中心にアメリカと日本を含《ふく》め始まった新しいデザインのさまざまな試みは、およそ三十年して一つところへと収束する。

一九一九年に新興の美術学校として開校し、一九三三年にナチスによって閉校される ドイツの〝バウハウス〟である(図34)。建築家としては初代校長のワルター・グロピウスと二代校長のハンネス・マイヤー、三代校長のミース・ファン・デル・ローエ、画家としてはワシリー・カンディンスキー、パウル・クレー、ヨハネス・イッテン、モホリ・ナギ。日本からも四人が学んでいる。

アール・ヌーヴォーにはじまるさまざまな造形的試行錯誤《しこうさくご》の行きついたバウハウスのデザインとはどのようなものだったのか。

まず、理論としては、二十世紀を科学技術の時代ととらえ、科学技術にふさわしい建築を求める。具体的には、鉄とガラスとコンクリートの三つを材料として使い、全体の形は合理的で無駄《むだ》のない四角な箱型とし、そこに大きなガラス窓を開ける。色は白が基本。

歴史的様式や装飾の美を過去のものとして切り捨て、幾何学《きかがく》に基《もと》づく構成の美を打ち出す。各国各地の歴史と文化につながる歴史主義に代り、世界のどこでも共通の、無国《むこく》籍《せき》にしてインターナショナル（国際的）な建築。それこそが、無国籍にしてインターナショナルな科学技術にふさわしい。

青銅器時代の四大文明にはじまり二千年近くつづいた多彩《たさい》な建築の歩みは、その歴史と文化を完全に否定されて終わった。

ここにくれぐれも注意してほしいが、バウハウスのデザインをヨーロッパとつないで考えてはならない。たしかに、元をたどると四歩目の大航海時代のヨーロッパのせいで世界の建築の多様性は半減し、五歩目の産業革命でさらにヨーロッパ一色に染まり、六歩目で白い箱の大きなガラス窓にいたるのだけれど、この六歩目の帰着はそれまでの四歩五歩をリードしたヨーロッパ自身にとっても意外なもので、エジプトにはじまりギリシャ、ローマをへてつづいたヨーロッパの建築の歴史を自己否定してしまったのである。バウハウスのデザインの背後にヨーロッパの歴史や文化の陰《かげ》を見つけることはできない。あるのは幾何学という数学。数学に国籍はない。

図33（上）　ウィーンのセセッション館
図34（下）　ドイツのバウハウス

バウハウスのデザインは、産みの親のヨーロッパにとっても、異質で血のつながりの見つからない、鬼っ子《おにこ》のような存在であった。鬼っ子はいくつもの名前を持ち、〝インターナショナル・スタイル〟とか、〝インターナショナル建築〟とか〝合理主義建築〟とか〝機能主義建築〟とか、日本では、〝モダニズム建築〟と呼ぶことが多い。

アール・ヌーヴォーにはじまりバウハウスにいたる建築家たちは、それにしてもどうして二千年近い歴史や文化の伝統から、わずか三十年の間に切れて進むことができたんだろう。三十年間の動きをこまかく追うと、各国各地でいろんな若いグループや個人が、日本などの伝統建築から刺激《しげき》を得ることを含めて、さまざまな試みをし、そうしたネットワークの動きのなかから、バウハウスへと行きついたことが分かる。科学技術の時代の人間の、建築的総意のたまものといってかまわない。

モダニズムと日本の伝統

三十年間の試行錯誤のなかで、日本の伝統建築が重要な肥やしとなったことが明らかとなっている。

モダニズムの平面（間取り）は、それまでのヨーロッパ歴史主義の平面とは大きく変わった。ヨーロッパの建築は石や煉瓦《れんが》の壁《かべ》を構造体として発達したことから、部屋と部屋、廊下《ろうか》と部屋、さらに部屋と外の境は厚い壁で仕切られ、個々の空間は分断される。一方、モダニズムが到達《とうたつ》した平面は、ミースの一九二九年のバルセロナ・パビリオンによく現われているように、壁をできるだけ少なくし、壁の代りに柱を立て、部屋し部屋の境をとり払《はら》って一体化し、内と外の関係も、壁ではなくてガラスによって視覚的に連続させる。

こうした流動的で透明性《とうめいせい》の高い平面の成立に、日本の伝統が役立った。

一八九三年にシカゴで万国博覧会が開かれた時、日本政府は、全体構成は平等院鳳凰《びょうどういんほうおう》堂《どう》を模し、インテリアは、寝殿造《しんでんづく》り、書院造り、茶室からなる鳳凰殿を出品した（図35）。これを見た二十六歳《さい》のフランク・ロイド・ライトは、欧米《おうべい》の壁に閉《と》ざされた建築とは別の原理を知り、大きな刺激を受け、以後、日本の伝統建築や浮世絵《うきよえ》に関心を持つようになり、一九〇五（明治三十八）年には初来日して、各地の名建築を歴訪した。その後も、浮世絵のバイヤーとして来日し、世界の建築界で最もよく日本の伝統を知る人となる。

欧米の歴史主義の壁を打ち破りたいと思いながら、具体的にどうしていいか分からなかったライトは、日本建築に学び、仕切りを少なくして内から外へ向かって伸びてゆくような間取りと、大きな窓と、水平に伸びる外観の作品を作るようになった。

当時、ライトはシカゴの野心に満ちた、しかし世界的には無名の建築家でしかなかったが、そうして作った作品の図面集を当時の世界の建築を引っぱっていたドイツで一九一〇年に出版する。この図面集に表現されていた間取りの流動性と外観の伸びやかさに、ライトと同じ問題にぶち当っていたグロピウスやミースは大きなショックを受け、それまでのドイツ表現派から脱出する重要な足掛《あしがか》りをえた。加えてもう一つ、オランダのデ・スティルのグループの〝構成〟を足掛りとして、バウハウスの壁の代りに柱を立て、間切りを減らし、大きなガラス窓で視覚を解放する平面が誕生する。第一号は一九二三

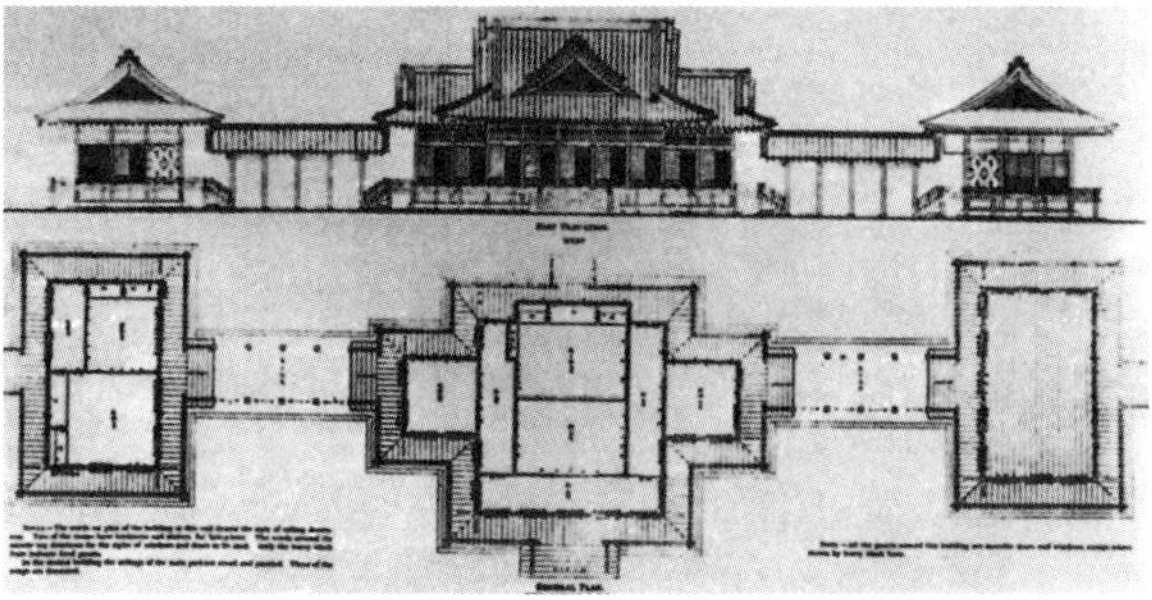

図35　シカゴ万博博覧会の鳳凰殿
（谷川正己『日本の建築［明治大正昭和］9 ライトの遺産』三省堂）

年のグロピウスのバウハウス校長室。校長室完成直後、日本から分離派の石本喜久治《きくじ》と堀口捨巳が訪れ、堀口はヨハネス・イッテンとモホリ・ナギに案内されて校長室を見学し、以後、何人もの日本の青年建築家が留学生としてあるいは見学者として訪れ、バウハウスのデザインは、世界でもまれなほど早く、日本にもたらされる。第一号は石本の三宅《みやけ》やす子邸《てい》（一九二七）。

一八九三、鳳凰殿――→一九一〇、ライト図面集――→一九二三、バウハウス校長室――→一九二七、三宅やす子邸。日本の伝統建築の影響は、三十四年かけて地球を一回りし、日本に帰ったのである。

人間の造形感覚

わずか三十年の間にそれまでの歴史主義から切れて幾何学的構成へと純化できたのは、おそらく、目を外から内へと振《ふ》り向《む》けたからだと私は考えている。過去の造形とか目に見える自然といった直接の外界から離れ、人間の内なる造形へ、意識下にひそむ造形的蓄積《ちくせき》へと目を向けたのではないか。

その突破口がアール・ヌーヴォーだった。すでにのべたように、アール・ヌーヴォーは花や蔓草や時には蛇やトカゲを好んでモチーフとしたが、これらは〝生命〟とか〝生殖《せいしょく》〟のシンボルにほかならない。目に見える自然一般ではなく、人間のなかの生命の感覚を表わすものとして花や蔓草やハ虫類が選びとられた。自然界において、動植物の生命現象は、土や鉱物といった無機物のうえで営まれる。生命は無機物を前提とする。無機物は鉱物の結晶《けっしょう》のように、形としては結晶体をとる。

アール・ヌーヴォーにつづいて、チェコ・キュビズムやイタリア未来派やドイツ表現派やアール・デコといった鉱物の結晶をしのばせるような造形が現われたのは偶然《ぐうぜん》ではなく、自然界の造形の基底をなす鉱物の相への人間の感覚まで、デザインが届いたからにほかならない。動植物つまり生命の相からその下の鉱物の相へ。生命の感覚から鉱物の感覚へ。それが、アール・ヌーヴォーにつづく諸運動の方向だった。

そして、鉱物の相のさらに下には数学の相があった。鉱物の結晶は幾何学に従って形が生まれる。

生命の相、鉱物の相、数学の相、自然界の造形はこの三相からなる。そのなかで生まれ、それらを見て育った人間の内なる造形感覚も、おそらく生命の感覚、鉱物の感覚、数学の感覚の、三相からなるにちがいない。

その内なる三相を三十年かけて掘《ほ》り下《さ》げて、到達した底がバウハウスのデザインだった。ふつうなら目に見えない、意識されない人間の内なる造形の原点を、グロピウスは目撃《もくげき》してしまったのである。

似たことは実は建築以外の分野でも近代に入ってから起こっていた。マルクスは、経済とかお金の原点を人間の労働に見出《みいだ》したし、アインシュタインは物質の本質を求めて原子にいたり、フロイトは人間の心底の無意識の領分を確かめていた。そして、グロピウスは造形というものの根底に数学を発見した。

いずれもドイツ人もしくはドイツ語圏《けん》の人であったのは偶然ではなくて、目に見える現象の奥《おく》を探《さぐ》る抽象《ちゅうしょう》能力に長《た》けていたんだろう。

振り出しに戻《もど》った人類の建築

一九一九年開校のバウハウスによって世界の建築は一つのところに行きついた。以後、白い箱に大きなガラス窓のあくデザインは、戦前いっぱいを通してヨーロッパや日本に広がり、さらに戦後に入ると、ナチスに追われてアメリカに渡《わた》ったグロピウスとミースのリードのもと、ガラスの箱としての超高層《ちょうこうそう》ビルが作られ、世界中の都市へと広まってゆく。

マルクスの理論に基づいてロシアや中国で資本主義を倒《たお》す革命が起こり、アインシュタインの理論と指導で作られた原子爆弾《ばくだん》が日本で爆発したように、グロピウスとミースの箱にガラスの建築は、戦後、世界中の都市で炸裂《さくれつ》したのだった。そして、現代にいたる。

改めて第一歩からを振り返ると、人類の建築の歴史は面白《おもしろ》い姿をしていることに気づく。細長いアメ玉を紙で包んで両端《りょうはし》をねじったような形なのである。人類が建築を作った最初の一歩は、世界どこでも共通で、円形の家に住み、柱を立てて祈《いの》っていた。世界は一つだった。二歩目の青銅器時代の四大文明で世界はいくつかに分かれて、巾《はば》を持つようになる。三歩目の四大宗教の時代でその巾は最大となり、世界各地で多様な建築文化が花開いた。しかし、四歩目の大航海時代に入るとアフリカとアメリカの個有な建築文化は亡《ほろ》び、世界の多様性は減退に傾《かたむ》き、五歩目の産業革命の時代に入るとこの傾向《けいこう》はさらに進み、アフリカ、アメリカに続いてアジアのほとんどの国で固有性が衰退《すいたい》する。

そして六歩目の二十世紀モダニズムによってヨーロッパも固有性を喪《うしな》い、世界は一つになった。

一つから始まり、多様にふくらみ、また一つへ。人類の建物の歴史は、約一万年して、振り出しに戻ったのである。

このことは何を語るのか。

もしかしたら二十世紀をもって歴史が終わったのかもしれない。これ以上、根本的な変化も進歩も生まれない。生命の相、鉱物の相、数学の相、この三相を掘り下げ進めた先は、これまで人類の建築の歴史が経験したことのないような事態にたちいたるかもしれない。

数学の相とは幾何学に基づく抽象的な造形世界のことで、この相をさらに掘り進めるには、物体から離れてより抽象性を高めなければならない。厚い壁より薄《うす》い壁を、太い柱より細い柱を、より軽く、より透明な空間を。その時、主要な材料となるのはガラスである。ガラスは、透明ゆえに最も物体性が弱く、抽象性が強い建材にほかならない。ガラスを多用して抽象性を極《きわ》めようと努めることになるが、しかし、人間が身体から離《り》脱《だっ》できないように、建築も絶対に物体性から離れることはできない。抽象の極点ゼロを

より軽く
より透明に……
が大勢だが……

求めてジリジリと差を詰《つ》めながら、しかし、ゼロにはならない。ゼロに向かって無限に近づきつづける漸近線《ぜんきんせん》のような状態にたちいたるのである。

二十世紀をもって歴史が終わり、二十一世紀初頭現在の、日本をはじめ世界のモダニズムデザインの先端《せんたん》は、そういう漸近線状態にある。より軽く、より透明に、どこまで行きつけるのか。

歴史の終りと、建築の消失点を目ざしてのこの漸近線的状態を二十一世紀の大勢と認めながら、しかし、それがなんとも面白くないと考えている少数者がいる。歴史を偽造《ぎぞう》してでも根本的に新しい形を見てみたい、なんなら歴史の後もどりだってしよう。物としての手ざわり感を建築から失ないたくない。多様な形の面白さを味わいたい。

二十一世紀の建築は、より軽くより透明にを目ざす一団が世界の中心にあり、その周りには物としての存在感の回復を夢想する、バラバラでクセの強い少数者が散らばって叫《さけ》んでいる、そういう光景になるのかもしれない。

あとがき――初めての建築の本

家や建物に関心の向いてきた人や、将来、建築家になろうと思う人、いってしまえば建築の初心者や初学者に向けてこの本を書いた。読者にとって〝初めての建築の本〟となるように書いた。

でも、ふつうの人がなんとなく思うような建築の本とはだいぶちがったものになってしまった。片寄ったというか、自分でいうのもヘンだが破天荒《はてんこう》というか……。

たとえばふつう建築について知りたいと思えば、建築学へとアプローチするだろう。建築家を目ざす人もそう思い、大学や専門学校の建築学科に入る。でも、現在の建築学も建築学科もそうとう奇妙《きみょう》なことになっている。入ってみて驚《おどろ》くのは、科目がてんでバラバラ。鉄やコンクリートといった材料についての材料学。そうした材料をどう組み立てたらいいか、その強度は地震《じしん》に大丈夫《だいじょうぶ》かを調べる構造学。構造学の基礎《きそ》となる構造力学。部屋の温度や湿度《しつど》や、最近なら室内汚染《おせん》化学物質をテーマとする環境《かんきょう》（設備）学。

こうした理科系科目だけでは建築にはならない。文科系、芸術系に近い分野も学ばないといけない。各部屋をどう配置するかについての計画学、この分野は人間が空間をどう感じているかについても学ぶ。ヨーロッパであればエジプトのピラミッドやギリシアの神殿《しんでん》にはじまり、二十世紀にいたる過去の建築について、日本なら法隆寺《ほうりゅうじ》や城や茶室や民家について学ぶ建築史学。建築の本質とは何かを考える建築論というのもある。

以上の教室での科目は、実は学校ですごす時間の半分で、あと半分は製図室に移って図面を描《か》く。最初は有名作品のコピーをし、慣れるといよいよ自分のデザインをすることになる。

私もそういう過程を踏《ふ》んで建築の道に入ったのだが、今にして思うと、あんなにいろいろたくさん学ぶ必要がはたしてあったのか疑問に思う時がある。設計と歴史の二つをちゃんと身につければなんとかなるのではないか。建築を目ざす人は二つを、建築に関心の向いてきた人なら歴史だけで十分だろう。作るにせよ味わうにせよ、とにかく歴史を欠いて建築はない。歴史こそが建築にいたる近道なのである。

そんなことを言うのは私が建築史家だからではありません。それもちょっとはあるかもしれないが、近年、実際の設計も手がけるようになって、というより実際の設計を手がけるようになったからこそ、歴史をやってきて本当によかったと思う。歴史のおかげで、建築をじっくり眺《なが》め、深く考えることができるようになった。歴史という遠回りのおかげで、建築の本質に意外に早く近づけたように思っている。

突然《とつぜん》だが、〝物質の世界〟と〝建築の歴史〟は姿が似ている。

物質は、一番大きいのは星々の散らばる宇宙で、小さいのは原子だが、両方とも同じことをやっていて、宇宙では、たとえば太陽の回りを地球などの惑星《わくせい》がグルグル回り、原子では原子核《げんしかく》の回りを中性子がグルグル回る。大きい小さいはあるけれど、粒《つぶ》の回りを粒が回っている、というのが物質の世界の極大スケールと極小スケールの様子なのである。味もそっぺもないし、単調きわまりない景色というしかない。

でも、極大と極小の間の中間スケールに目をそそぐと、景色は一変する。たとえば地球の大地はどうか。山あり川あり、森が茂《しげ》り草が生え、人や動物たちが動いている。多様で変化に満ちている。

その多様で変化に満ちた、私たちが日々を過ごす大地も、物質の本質というところまで掘《ほ》り下《さ》げて眺めれば、極大スケールも極小スケールも同じで、粒の回転運動に行きつく。

極大と極小の両端《りょうたん》は同じ単純さ単調さを見せ、中間は多様にふくらんでいる――これが物質の世界の姿にほかならない。

すでに本文のなかで述べたように、人類の建築の歴史も、始点の原始時代と終点の現代に多様性はなく地上のどこも同じで、一方、始点と終点の間の建築は各国各地ごとの多様性でふくらむ。

偶然《ぐうぜん》なのか本質的なことなのか知らないが、〝物質の世界〟と〝建築の歴史〟の姿はともに、紙に包んで捻《ねじ》ったアメ玉みたいなのである。これをしゃぶらずに死ぬのは惜《お》しい。

ちくまプリマー新書

001 ちゃんと話すための敬語の本　橋本治

敬語ってむずかしいよね。でも、その歴史や成り立ちがわかれば、いつのまにか大人の言葉が身についていく。これさえ読めば、もう敬語なんかこわくない！

002 先生はえらい　内田樹

「先生はえらい」のです。たとえ何ひとつ教えてくれなくても。「えらい」と思いさえすれば学びの道はひらかれる。——だれもが幸福になれる、常識やぶりの教育論。

003 死んだらどうなるの？　玄侑宗久

「あの世」はどういうところか。「魂」は本当にあるのだろうか。宗教的な観点をはじめ、科学的な見方も踏まえて、死とは何かをまっすぐに語りかけてくる一冊。

004 熱烈応援！スポーツ天国　最相葉月

マイナースポーツの世界にようこそ。試合会場へ足を踏み入れると、そこには「観戦症」の人たちがあふれていた。スポーツの楽しさと魔力をとらえた熱いレポート。

005 事物はじまりの物語　吉村昭

江戸から明治、人々は苦労して新しいものを取り入れ、初めてのものを作りだした。歴史小説作家が豊富な史料を駆使して書いたパイオニアたちのとっておきの物語。

006 勉強ができなくても恥ずかしくない①　どうしよう…の巻　橋本治

学校に適応できないケンタくんは、友達も勉強もできない。そんなケンタくんが、少しずつ生きるための知恵を見つけていく。子供目線で胸に迫る教育批評的小説第一弾。

ちくまプリマー新書 012
人類《じんるい》と建築《けんちく》の歴史《れきし》

二〇〇五年五月十日　初版第一刷発行
二〇二五年九月五日　初版第七刷発行

著者　藤森照信（ふじもり・てるのぶ）
装幀　クラフト・エヴィング商會
発行者　増田健史
発行所　株式会社筑摩書房
東京都台東区蔵前二-五-三　〒一一一-八七五五
電話番号　〇三-五六八七-二六〇一（代表）
印刷・製本　株式会社精興社

ISBN978-4-480-68712-8 C0252　Printed in Japan